어느 날 이른둥이 엄마가 되었다

어느 날 이른둥이 엄마가 되었다

670g의 작은 아기와 초보 엄마의 신생아중환자실 분투기

초 판 1쇄 2025년 07월 14일

지은이 진소은
펴낸이 류종렬

펴낸곳 미다스북스
본부장 임종익
편집장 이다경, 김가영
디자인 임인영, 윤가희
책임진행 김은진, 이예나, 김요섭, 안채원, 이예준

등록 2001년 3월 21일 제2001-000040호
주소 서울시 마포구 양화로 133 서교타워 711호
전화 02) 322-7802~3
팩스 02) 6007-1845
블로그 http://blog.naver.com/midasbooks
전자주소 midasbooks@hanmail.net
페이스북 https://www.facebook.com/midasbooks425
인스타그램 https://www.instagram.com/midasbooks

© 진소은, 미다스북스 2025, *Printed in Korea*.

ISBN 979-11-7355-309-7 03810

값 **19,000원**

※ 파본은 구입하신 서점에서 교환해드립니다.
※ 이 책에 실린 모든 콘텐츠는 미다스북스가 저작권자와의 계약에 따라 발행한 것이므로 인용하시거나 참고하실 경우 반드시 본사의 허락을 받으셔야 합니다.

미다스북스는 다음세대에게 필요한 지혜와 교양을 생각합니다.

어느 날
이른둥이
엄마가
되었다

670g의 작은 아기와 초보 엄마의 신생아 중환자실 분투기

진소은 지음

미다스북스

8 **프롤로그** 네가 없는 141번째 밤

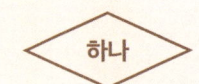
하나

고위험 임산부가 되다

13 갑자기 병원에 갇혔다

20 24시간 밀착검사

26 정상 신생아실

32 여보, 미안 나 못하겠어

둘

너의 싸움이 시작됐다

- 41   너를 처음 만난 날
- 48   여기에 아기가 없어
- 54   너를 부르는 이름들
- 62   모유는 곧 아기 약
- 69   맨 얼굴을 처음 보았다
- 76   우리에게 주어진 시간, 일주일
- 82   생존확률 50%

셋

산 넘어 산

- 89   700g에 심장수술
- 95   쪽쪽이도 동의서가 필요해
- 101   1kg이 되다
- 107   캥거루케어, 드디어 너를 내 품에
- 114   피하지 못한 미숙아망막병증
- 121   네가 넘어온 수많은 산들

집으로 가는 길

- 131 　멀고 먼 자가호흡의 산
- 136 　조동아리 대신 니큐 동기
- 141 　병원에서 백일 잔치
- 147 　내가 엄마야
- 152 　퇴원 최종, 드디어 병원 탈출?

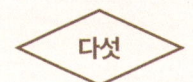

141일 만에 본격 육아

- 161 　퇴원 최최종, 이번엔 진짜야
- 168 　치료비는 얼마가 들었나
- 173 　이른둥이 아기 키우기
- 178 　두 돌부터는 안경
- 184 　첫 번째 생일을 축하해

첫째 조산 후, 둘째 낳을 용기

191   '또' 고위험 임산부가 되다

197   경력직 이른둥이 부모의 속 편한 33주 조산

203   25주 이른둥이와 33주 이른둥이

211   **아빠의 글**

220   **에필로그**   이른둥이 엄마여도 똑같다

프롤로그

네가 없는 141번째 밤

"이른둥이 아기, 신생아중환자실 졸업 후 처음으로 입원하다"

어제 나연이가 마이코플라즈마 폐렴으로 입원했다. 전날 저녁에 조금 열이 오르긴 했지만 해열제를 먹이니 괜찮았다. 아침엔 열도 안 나고 컨디션이 좋았기 때문에 어린이집을 보냈고, 오전에는 할로윈 파티도 하고 잘 놀았다고 했다. 낮잠을 자고 나서 다시 열이 39도 대로 오르기 시작해 선생님께 급하게 전화가 왔다.

해열제를 먹이고 더 지켜볼 수도 있었겠지만 예사롭지 않다는 생각이 들었다. 하원하여 바로 병원에 갔다. 나연이는 신생아중환자실을 퇴원한 이래로 한 번도 이렇게 열이 났던 적이 없는 아기였다. 엄마아빠는 열 보초 한 번을 선 적이 없었다. 작년 7월 15일 최종 퇴원 후 나연이가 열이 난 건 5번 정도 되는 것 같다. 그마저도 한 번은 뇌수막염 접종열이었다(그 외에는 접종열도 없었다). 열이 났을 때도 타이레놀 시럽을 1, 2번 먹이면 다시 열이 오르지 않았다. 그것도 38도 초반 정도였지 이번과 같은 고열이 난 것은 처음이다.

　X-ray를 찍어보니 폐 한쪽 구석이 하얗게 보일 만큼 염증이 생겨 있었다. 열도 39도에서 계속 떨어지지 않고 있어서 바로 입원이 확정되었다. 아픈 아기가 안쓰럽긴 했지만, 마음이 무너지지는 않았다. 사실 더 일찍, 더 자주 입원할 것이라 여겼던 아이다. 지금껏 크게 아프지 않고 잘 자라준 것이 오히려 감사했고 기특하게만 여겨졌다.

　하룻밤을 나연이와 병실에서 보낸 후 남편과 교대해 집에 왔다. 아이를 병원에 두고 혼자 집에 가려니 그제야 마음이 먹먹했다. 생후 141일 만에 신생아중환자실을 졸업해 한 집에서 지내게 된 이후로 아이 없이 자본 적이 단 하루도 없었다. 떨어져서 자는 건 오늘이 처음이다. 아이가 병원에 있어 보일러 온도를 평소보다 2도 낮춰둔 집은 싸늘하다. 남편도 아이도 없이 나 혼자 있는 적막한 집. 속절없이, 혼자 이 집에 남겨져 울었다던 그때의 남편 생각이 났다.

　6월에 만나기로 한 널 기다리며 신혼집보다 더 넓은 이 집으로 이사했던 날. 아기방으로 정해둔 방 한 칸에는 미리 받아둔 아기용품들을 차곡차곡 쌓았다. '집이 넓어지니 물 마시러 가는 길이 멀어졌다', '너무 걸어서 발이 아프다'며 남편과 웃었던 첫 번째 밤.

　행복한 밤은 하루가 끝이었다. 이사를 한 바로 다음 날 나는 임신중독증으로 대학병원 고위험 산모 병실에 입원했다. 2월 말은 교사에게 너무 중요한 시기여서 남편은 일을 쉬고 내 옆에만 있을 수가 없었다. 넓어진 집에 혼자 덩그러니 돌아와 한참 울었다는 이야기를 남편은 나중에야 했다.

　나연이는 채 일주일을 버티지 못하고, 입원한 그 주 토요일에 재태주수 25주 3일생 670g으로 세상에 태어났다. 아이를 이 집으로 데려오는 데에는 141일이 걸렸다. 막연히 언젠가 나연이 이야기를 담아 책을 써보고 싶다는 생각을 했더랬다. 싸늘하고 적막한 집에 혼자 들어오니 그때 생각이 절절히 나며 오늘은 글을 시작해야겠다는 생각이 들었다.

　생후 141일째에 퇴원한 후로는 늘 같은 공간에서 잠들었는데 처음으로 엄마가 없는 곳에서 잠들겠구나, 우리 딸. 엄마하고 떨어져 자는 141번째 밤이네. 아빠하고 잘 자렴. 엄마랑 내일 만나자. 언젠가 너에게도 이 글들을 보여줄 날이 오겠지. 너는 정말 잘 버텨주었고 엄마아빠는 그 과정을 이렇게 함께했다는 것을 너에게 말해주고 싶었단다.

　늘 사랑해. 엄마아빠한테 와줘서 고마워. 얼른 나아서 다시 집으로 오자.

2024년 11월 1일

고위험 임산부가 되다

"

목표는 그저 오늘보다는 하루만 더

"

갑자기 병원에 갇혔다

"24주 6일 임신중독증 진단, 지금 낳지 않으면 내가 죽을 수 있다"

2021년 7월, 대학에서부터 8년간 연애했던 남편과 결혼했다. 신혼집에서 알콩달콩 재밌게 살았다. 그런데 1년 뒤, 난임 판정을 받았다. 젊은 나이었지만, 시험관 시술을 받아야 했다. 힘든 날이 많아도 아기를 생각하며 견뎠다. 다행히 시험관 1차에서 귀한 아기를 얻었다. 행복하게 아기를 기다리던 그때, 전셋집 계약은 끝나가고 있었다. 당연히 연장하겠거니 생각했는데 집주인은 집을 직접 쓰고 싶다고 했다. 어쩔 수 없이 임신한 몸으로 부랴부랴 이사 갈 집을 알아보았다. 어렵게 예산에 맞는 괜찮은 집을 구했는데 대출 일정이 꼬이는 등 이사 전까지 내내 스트레스가 심했다.

이사 전날(2023.2.19.), 돈을 아끼기 위해 이사 청소는 남편과 내가 직접 했다. 고맙게도 친정 식구들이 도와주러 왔다. 싱크대 선반을 닦고 있는데 동생이 말했다.

"언니, 발 부었다."

청소를 끝내고 거실에 앉아서 보니 정말 그랬다. '몸이 부으면 임신중독증이라던데 별일 아니었으면 좋겠다.' 생각하며 불안한 마음을 눌렀다. 그때는 임신중독증이 어떤 병인지 전혀 몰랐다. 청소를 마치고도 컨디션이 좋지 않았다. 집 정리를 남편에게 맡기고 일찍 잤다.

포장 이사는 일사천리로 진행되었다. 집이 굉장히 넓어졌다. 아기방으로 정해둔 방에 미리 준비한 침대, 모빌과 바운서 등 아기 물건들이 들어갔다. 이제 아기방이 있다는 것이 굉장히 설렜다. 부기는 여전했고 두통도 굉장히 심했다. 그래도 가장 스트레스 받던 집 문제가 해결되어 기뻤다. 불안한 생각은 하루 더 누르기로 했다. 집안에서 길어진 동선에 발이 아프다며 남편과 행복하게 잠이 들었다.

다음 날, 혼자 병원에 가기가 무서워 남편이 퇴근해 올 때까지 기다렸다. 5시쯤 함께 산부인과에 갔다. 가자마자 당연하게 혈압을 재었는데 수축기 혈압이 174가 나왔다. 2번을 다시 쟀지만 169, 183이었다. 로비에 대기하는 다른 산모는 없었다. 그런데 아무리 기다려도 나를 부르지 않았다. 남편과 한참을 앉아서 기다렸다. 간호사 선생님들이 수군대고 분주하게 왔다 갔다 하는 게 느껴졌다. 눈앞에 현실을 마주하자 그동안 눌러왔던 불안함이 눈물이 되어 터져 나왔다. 그때 뱃속 아기의 움직임이 느껴졌다. 아기는 뱃속에서 잘 지내고 있는 듯했다. 그나마 조금 안심이 되었다.

한참을 기다린 뒤, 진료실에 들어갔다. 의사 선생님은 내가 위험하다고 하셨다.

"지금 당장 대학병원으로 가야 합니다."

기다릴 때는 울던 나를 담담하게 달래주던 남편이 의사 선생님 말씀을 듣고는 울었다. 가족들에게 소식을 전했더니 동생(간호사)이 G대병원으로 가라고 해서 G대병원 응급실로 바로 갔다. 응급실에서 이것저것 검사를 하고 수액을 꽂고 침대에 누운 채로 분만실로 옮겨졌다. 설마 이대로 오늘 낳는 걸까 무서웠다. 옮겨주시는 선생님께 여쭤봤더니 모르겠다고 하셨다.

대학병원 분만실 내에는 분만실 외에도 처치실, 고위험 산모 병실, 간호사실 등 또 하나의 작은 병원이 있었다. 교수님께 진료를 받으며 혈압을 다시 재니 198/131이 나왔다. 아기는 580g이었다. 24주가 아니라 34주였으면 당장 낳았을 거라고 하셨다. 지금 우리 아기는 너무 작아서 일단 최대한 끌어보겠다고, 병원 오셨으니까 치료는 의료진이 알아서 하겠다고 말씀해 주셨다. 교수님이 남편에게 이런 혈압 본 적 있냐며 상황을 설명해 주셨다. 남편이 또 울었는데 교수님은 단호했다.

"지금 엄마 얼마나 불안하겠어요. 엄마는 울어도 되는데 아빠는 지금부터 울면 안 돼."

코로나 PCR 검사 결과가 나와야 입원할 수 있었기 때문에 분만실 내에 있는 가족분만실에서 기다렸다. 기다리면서 여기저기 연락을 했다. 친정, 시댁, 예배 반주자였기 때문에 교회에도 빨리 연락을 해야 했다. 활동하고 있는 기독교사단체 간사님은 소식을 듣고 바로 병원으로 달려와 주셨다. 나는 나갈 수 없었기 때문에 남편만 만나고 가셔야 했다. 정신이 없어 밥은 생각지도 못하고 있었는데 우리가 저녁을 걸렀을 것을 걱정해 저녁 식사와 돈을 주고 가셨다.

혈압약 주사를 4번이나 맞았는데도 혈압이 내리지 않았다. 수축기 혈압이 계속 170을 웃돌았다. 임신중독증은 혈압이 높아지고 단백뇨가 나오는 것이라 들었다. 간호사 선생님께 단백뇨 수치를 여쭤보았다. 정상적인 단백뇨 수치는 마이너스가 나와야 하는데 나는 3 positive라고 하셨다. 개그맨 이수근 씨의 아내가 임신중독증으로 신장에 문제가 생겨 투석을 한다는 이야기를 들은 적이 있었다. 나는 어떻게 되는 걸까……. 그동안 내 몸이 버텨준 게 감사했다. 혈압이 이렇게 높았는데 혈관이 터지지 않고 경련 한 번 없었던 것이 얼마나 다행인가 싶었다. 지방의 도시 외곽에 사는데도 인근에 신생아중환자실이 있는 병원이 3개나 있어 금방 병원으로 올 수 있었던 것도 참 다행이었다.

남편을 쳐다보고 있으니 '이러다 내가 잘못되면 저 사람은 어쩌나.' 싶었다. 갑자기 아내도, 기다리던 아기도 잃고 혼자가 되겠지. 남편도 나를 보고 말했다.

"니 이제 입원하면 그 큰 집에 내 혼자 있나……."

이사하고 하루 만에 이런 일이 생기다니. 남편이 안쓰럽게 느껴졌다.

집뿐 아니라 학교와 소속 지역도 이동했던 나는 처리해야 할 것이 더 많았다. 그간 부산에서 교사로 근무하다가 드디어 신혼집이 있는 지역으로 전입해 와서, 이제 막 새로 근무할 학교가 정해진 차였다. 개인물품들을 새 학교 교실에 넣어두고 3월을 준비하며 '단 이틀' 새 학교에 출근했는데 모든 것이 엉망이 되었다. 교사들은 보통 3월 1일 자로 발령을 받기에, 이전 근무 학교의 종업식 이후 새 학교에 출근했더라도 전산상으로는 이전 학교에 근무 중인 상태였다. 병가 처리를 위해서는 이전 학교 관리자와 새 학교 관리자 모두에게 연락을 해야 했다. 이야기는커녕 생각도 하기 싫은데 두 번이나 직장에 소식을 전해야 한다는 것이 버겁게 느껴졌다.

다음 날 아침, 교감 선생님들께 전화했다. 씩씩하게 전화할 수 있을 것 같았는데 눈물이 계속 났다. 교감 선생님들은 모두 여자분이셨다. 길게 설명하지 않아도 이 주수에 출산할 수 있다는 게 얼마나 큰일이고 엄마의 마음이 어떨지 아셨다. 임신과 출산을 먼저 겪으신 어른들이 걱정하고 위로해 주셔서 많이 감사했다. 3, 4월을 병가 처리하기로 하고, 준비 중이라 짐이 정리되지 않은 교실은 남편이 가서 치우기로 했다. 3, 4월을 버틸 수 있을까……. 목표는 그저 오늘보다는 하루만 더.

정신을 좀 차리고 보니 병원에서 맞는 첫 아침이 사순절 첫날이었다. 병실에서 유튜브로 사순절 1일 차 기도 영상을 보며 혼자만의 기도회를 했다. 1차 목표를 부활절로 세워보았다. 그럼 32주에 가까워진다. 욕심인 걸 알고 있다. 28주만 넘겼으면, 1kg만 넘겼으면 좋겠다 하면서도 계속 '하루만 더, 일주일만 더' 하며 정상 출산을 바라게 됐다. 아기가 건강하게 태어나기를 간절히 바랐다.

친정엄마와 가족들이 기도 부탁을 여기저기 얼마나 했는지, 누가 기도해 준다는 연락을 많이 받았다. 엄마는 "노아(태명)가 큰 사람이 되려나 보다."라고 말했다. 오만 사람 기도 받고 태어난다고. 시댁 식구들도 보낸 기도 제목을 여러 곳에 공유해 주신 듯했다.

"그러나 노아는 여호와께 은혜를 입었더라 – 창세기 6장 8절"

말씀을 계속해서 되뇌었다. 아무 일도 없을 거라는 생각보다는 노아를 향한 하나님의 계획이 있다고 생각했다.

기약 없는 입원 생활이 시작되었다.

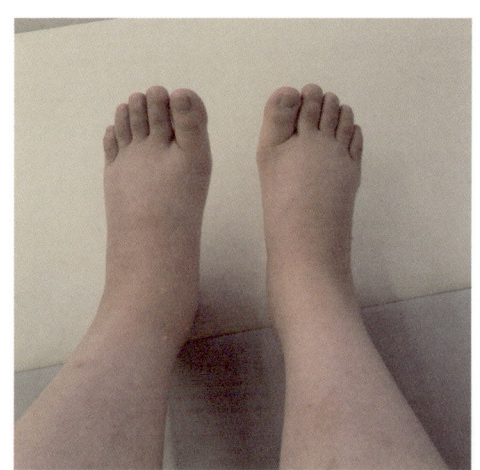

임신중독증으로 인해 부어오른 발

24시간 밀착검사

"고위험 임신? 임신중독증? 그게 다 뭔데"

기적처럼 시험관 1차 만에 바로 찾아와 준 아기였다. 임신이 되었으니 이제는 행복할 일만 남은 줄 알았다. 당연하게 280일을 채워가다가 막달 즈음 아기 상태에 따라 출산 방법을 결정하고, 5월 말에서 6월 초에 아이를 만나겠거니 생각했다. 한 주 한 주 아기가 자랄 때마다 각 주수에 맞는 아기 성장 정보, 산모 건강 정보를 보면서 발병 가능성이 있는 임신 합병증도 확인하고 있었지만 내 일이 아니라고 생각했다. 당장 일주일 전인 2월 15일에 24주 검진을 다녀온 상태였고 임신성 당뇨 검사도 깔끔하게 통과했다. 당시 아기가 얼굴을 자꾸 손으로 가려서 초음파 사진을 받지 못했는데(다음에 예쁘게 남겨 주시겠다셨다) 마지막 초음파 사진이 될 줄 알았더라면 가린 얼굴이라도 받을 것을 그랬다.

고위험 임산부가 되는 원인은 다양했다. 아기를 40주간 품다가 출산

하는 것은 생각처럼 당연한 일이 아니었다. 우리나라는 다음의 19대 질병에 대해서 고위험 임산부에 대한 지원을 하고 있다.

19대 고위험 임신 질환

1. 조기진통: 임신 만 37주 이전에 진통이 오는 경우
2. 양막 조기파열: 분만 진통이 규칙적으로 오기 전에 양막이 터져 양수가 나오는 경우
3. 중증임신중독증: 임신 20주 이후에 새롭게 고혈압이 발견되는 경우
4. 분만 관련 출혈: 분만 과정 중 또는 출산 후 나타나는 다양한 출혈 상황
5. 태반조기박리: 태아가 만출 되기 전에 태반이 먼저 떨어지는 것
6. 전치태반: 태반이 자궁 경관을 일부 또는 완전히 덮고 있는 것
7. 절박유산: 임신 20주 이전에 질출혈이 동반되는 것으로 임신 유지가 가능함
8. 양수과다증: 양수의 양이 지나치게 많은 상태로 태아의 대사작용에 문제 발생 가능
9. 양수과소증: 양수의 양이 300mL 이하로 비정상적으로 적은 상태
10. 분만 전 출혈: 분만 전에 출혈이 발생하는 경우
11. 자궁경부 무력증: 임신 중기 이후 진통이나 자궁수축 없이 자궁경부가 짧아지거나 열려 태아를 유지하지 못하는 상황
12. 고혈압: 임신중독증과 별개

13. 다태임신: 쌍태아 이상의 다태아를 임신한 경우
14. 당뇨병: 임신성 당뇨는 해당되지 않음
15. 대사장애동반임신과다구토: 탄수화물 고갈, 탈수, 전해질 불균형 같은 대사 장애를 동반한 임신 22주 전에 시작하는 임신과다구토
16. 자궁내성장제한: 임신 중 태아가 정상적으로 성장하지 못해 태아의 체중이 임신 주수에 비해 낮은 경우
17. 자궁 및 자궁의 부속기질환: 자궁근종, 자궁염증, 난소낭종 등의 질환이 임신 중 발병할 경우
18. 신질환: 진단서상에 해당 질환코드(N00-N23) 외에 O코드(임신, 출산 및 산후기)가 동시 기재되어야 지원
19. 심부전: 진단서상에 해당 질환코드(I00-I52) 외에 O코드(임신, 출산 및 산후기)가 동시 기재되어야 지원

나는 그중 중증임신중독증으로 입원했다. 임신중독증은 임신 중 고혈압이 발견되는 것으로 임신과 합병된 고혈압성 질환을 말한다. 기존에 고혈압이 있었거나 임신 20주 이전에 고혈압이 발견되는 경우는 만성 고혈압이지만, 임신 20주 이후에 새롭게 고혈압이 발견되고 출산 후에 정상화되는 경우는 임신성 고혈압이라고 한다. 고혈압과 함께 단백뇨, 두통, 흐린 시야 등의 동반 증상이 생기면 이것은 질병이 더 진행한 상태로 전자간증(자간증의 전단계를 의미)이라고 부른다. 자간증이란 임

신 중 고혈압성 질환으로 인해 경련이나 발작을 일으키는 경우이다. 당시 나는 고혈압(191/131)에 단백뇨(3 positive), 두통, 부종, 시야 이상까지 있었으니 정말 심각한 상태였던 것이다. 원래 고혈압과 당뇨, 뇌졸중에 가족력이 있기는 하지만 평상시 혈압은 120/80 정도로 기준에 딱 걸렸을 뿐 고혈압이 있던 것은 아니었다.

임신중독증의 원인은 명확하지 않다고 한다. 교수님은 내 몸이 아기를 못 받아들이는 거라고 하셨다. 내가 나으려면 아기를 밖으로 내보내야 하는 거였다. 겨우겨우 얻은 귀한 내 아기를 내 몸이 거부한다니. 화도 나고 허탈했다. 임신중독증은 태반을 통한 혈류 공급에 장애가 생기는 것이라고 한다. 피가 제대로 공급되지 않으니 태아에게는 성장 부전이 발생한다. 24주 검진 당시, 의사 선생님은 아기가 주수보다 1주 작다고 하셨다. 돌이켜보니 이것도 임신중독증 때문이었다.

임신중독증을 확인하기 위해서는 산부인과에 갈 때마다 혈압과 소변검사를 해야 한다. 하지만 보통 산부인과에서는 소변검사는 하지 않고 혈압만 잰다. 혈압은 매 검진마다 쟀지만 130대 정도였기 때문에 따로 주의를 받지 않았다. 24주 검진 때도 그랬다. 사실 그즈음 머리가 깨질 듯한 두통이 점점 잦아졌고 시야에 검은 점들이 우르르 생겼다가 없어지곤 했다. 하지만 그게 혈압상승으로 일어나는 일이라는 것을 몰랐다. 부끄럽지만 '임신하면 이런 증상도 생기나 보다.' 하고 쉽게만 생각했다. 두통이나 다리 부종은 임산부에게 흔히 있는 증상이다. 병인지 일반적인 임신 증상인지 초산모가 구별하기 쉽지 않다. 당시 타이레놀을 두 알씩 몇 번을 먹어도 두통이 잡히지 않았다. 알고 보니 타이레놀로 잡히는 두통은 임신중독증의 증상이 아니라고 한다.

 갑작스레 고위험 임산부 판정을 받고, 일반 병동이 아닌 분만실 내부의 고위험 산모 병실에 입원했다. 병실 문 바로 앞에 간호사실이 있었다. 하루라도 더 버티기 위한 24시간 밀착 감시(?)가 시작되었다. 임신중독증으로 인한 소변량 감소를 확인하기 위해 침대 한편에 소변기가 걸렸다. 화장실에 갈 때마다 이걸 가지고 다니며 소변을 받아 간호사실에 갖다 드려야 했다. 물을 언제 얼마나 마시는지도 모두 기록해야 했다. 계량컵에 재면서 마시는 것이 아니어서 더 어려웠다. 생수가 싫어서 남편이 사다 준 옥수수염차를 마시고 있었더니 '아기가 제일 좋아하는' 생수를 마시라고 하셨다. 식간 금식 처방을 받았기 때문에 아침, 점심, 저녁 사이에 간식을 먹는 것은 금지되었다. 식사 때에 약간의 간식을 먹을 수는 있었지만 과자나 디저트를 과하게 섭취하는 것은 안 됐다. 때마다 선생님들이 들어와서 배에 기계를 붙이고 태동 검사를 했고 혈압도 계속해서 쟀다. 잘 때도 예외 없이 간호사 선생님들이 들어오셔서 내 상태를 확인했다. 두통이나 시야 이상이 생기면 바로 벨을 눌러 간호사 선생님을 부르고 혈압을 수시로 쟀다. 혈압이 계속 높아질 수 있었기 때문에 머리를 항시 위로 유지해야 했다. 침대가 늘 30~45도로 살짝 올라온 상태였고 잘 때도 누워서 잘 수 없었다. 침대가 올라와 있는 그 상태로 잤다.

간호사 선생님은 배가 뭉칠 때도 알려달라고 하셨다. 배가 뻐근하게 딱딱해지는 것 같은 느낌이 들면 간호사 선생님을 불렀다. 그런데 검사를 해보면 수축이 없었다. 간호사 선생님은 배가 어떻게 뭉치냐고 자세하게 알려달라고 하셨다. 나는 배가 뻐근하고 딱딱해진 것 같은데 수축이 없다고 하니 아닌가 보다 싶었다. 그렇게 말씀드리니 "정확하게 알려주셔야 한다. 그래야 도와드릴 수 있다."라고 하시는데 혼나는 것 같은 느낌이 들었다. 뻐근하게 아프니까 뭉치나 보다 했던 거고 수축검사 상 문제가 없다는데 무슨 말을 더할까. 임신도 처음이고 이 상황도 다 막막하기만 한데 나는 너무 모르는구나 싶고 마음이 힘들었다.

*임신중독증(임신고혈압)에 대한 더욱 자세한 내용은 질병관리청 국가건강정보포털에서 확인할 수 있습니다.
▶ 질병관리청 국가건강정보포털 [임신중독증]

정상 신생아실

"우리 아기는 저기 들어갈 수 없겠지"

입원 둘째 날 밤이 되니 상황을 어느 정도 받아들이게 되었다. 조산할 수도 있으니 출산 준비를 해놔야겠다는 생각이 들었다. 아기는 이제 겨우 25주에 진입했다. 준비된 것이 있을 턱이 없었다. 그나마 있는 물건은 친척들이 물려준 바운서와 모빌, 장난감 몇 가지뿐이었다. 초보 엄마는 검색을 열심히 했다. 기저귀 하면 으레 아는 하기스에 이른둥이용 기저귀가 있었다. 이른둥이용 소형 기저귀를 장바구니에 담았다. 아기가 신생아중환자실에 있는 동안 모유를 3cc씩 먹는다는 어느 엄마의 글을 읽고 모유저장팩도 잔뜩 담았다. 더 검색을 해보니 모유저장팩은 마더케이라는 회사에서 이른둥이 아기가 퇴원할 때까지 지원해 준다고 했다. 그 외에도 손수건, 젖병 등 없는 것 천지였다. 한참 쇼핑몰을 뒤적이다 그만두었다. 어차피 아기는 태어나면 집이 아니라 신생아중환자실부터 갈 예정이었다. 집에 오는 것은 한참 후의 일일 테니 출산을 하고 나서 차근차근 준비하기로 마음 먹었다.

　결혼 전 발목을 다쳐 입원한 적이 있었다. 인생에 그런 호강이 없었다. 침대 위에 가만히 앉아 있으면 밥 갖다주고 치워주고 청소를 해주었다. 치료를 받으러 가는 시간을 제외하면 노트북, 아이패드, 스마트폰과 놀기만 해도 되던 시간이었다. 그러나 이번 입원은 달랐다. 언제 출산할지 모르는 아이를 뱃속에 품고 병실에 누워있는 건, 전혀 호강이 아니었다.
　간호사 선생님이 수시로 들락거리며 피를 뽑고, 태동 검사와 혈압검사를 했다. 진득하게 혼자만의 시간을 가질 수 없었다. 하지만 역설적이게도 혼자였다. 각 병상은 커튼으로 가려져 있었다. 바로 옆자리 산모 얼굴도 알 수가 없었다. 커튼 속 내 공간을 방문한 간호사 선생님과 사적인 대화를 나눌 일은 거의 없었다. 대학병원 – 분만실 – 고위험 산모 병실, 그 안의 작은 커튼 속에 갇혀서 온종일 남편을 기다렸다. 기다림은 손쉽게 서운함이 되었다. 돌이켜보면 남편의 출근은 당연했다. 입원이 얼마나 길어질지도 모르는데 마냥 내 옆을 지키고 있을 수만은 없었다. 하지만 갑작스러운 입원으로 인한 불안감은 혼자 감당하기 버거웠다. 남편이 원망스러웠다. 그래도 분만실 초인종이 울리면 서운함은 금세 사라지고 반가움이 차올랐다. 아기도 아빠가 오면 태동을 많이 했다. 태동 검사 기계(아기의 심박과 움직임을 감지하면 소리가 난다.)가 너무 시끄러워져서 간호사 선생님이 놀라신 적도 있었다.

"아빠가 와서 아기도 좋은가 봐요."

　입원 생활이 지루하지는 않았다. 각종 검사를 정말 수시로 했기 때문에 검사를 받다 보면 하루는 흘러갔다. 사실 예전 입원과 비교하여 가장 달라진 것은 내 마음가짐이 아니었을까. 마음이 편했다면 그때처럼 웹소설이나 정주행하며 휴식을 즐길 수도 있었을 것이다. 간호사 선생님이 들어온다고 해서 스마트폰을 못 만지는 것은 아니니까. 하지만 그럴 만한 마음의 여유가 없었다. 혼자 있는 시간은 늘 불안했다. 불안함을 달래준 건 오직 검색이었다. 유튜브나 블로그, 인스타그램으로 23~25주 출생 아기들의 영상과 글을 끝없이 찾았다. 아무리 검색을 해도 25주는 안심하기에는 너무 빠른 주수였다. 심지어 우리 아기는 엄마의 태반 혈류가 좋지 않아 25주 아기치고도 한참 더 작았다. 검색해서 찾은 그 아기들이 만난 병들에 내 일처럼 마음이 아프고 미리 걱정이 되었다. 우습지만 그 아기들이 잘 자란 모습을 본다고 해서 안심이 되지도 않았다. 결국 다 Case by case니까. 우리 아이는 어떨지 모른다. 그렇게 달래지지 않는 불안함 속에 case만 수집하며 시간을 보냈다. 밥을 먹다가 운 적도 있었다. 병원식이 정말 입에 맞지 않았다. 입원 셋째 날 아침, 식사를 하는데 밥이 너무 맛이 없어서 눈물이 났다. '아기가 작으니까 이거라도 열심히 먹어서 키워야지.'하고 생각하는데 너무 서러웠다.

　나름대로 상황을 받아들이려고 애썼지만 포기해야 하는 것이 많았다.

4월 8일에 찍으려고 예약해 뒀던 만삭 사진 촬영을 취소했다. 사진관에 전화해서 출산할 때까지 입원해야 할 것 같아 촬영이 어렵다고 말했다. 무료 촬영 이벤트는 상술이라는 것을 알지만 참 아쉬웠다. 산후조리원은 고민이 많이 되었다. '그래도 몸조리는 필요한데' 싶어 고민하다가 결국 조리원도 취소하기로 했다. 모두가 아기와 함께 있는 그곳에 아기 없이 혼자 있을 자신이 없었다. 어차피 아기를 면회하러 계속 병원에 와야 하니 산후조리의 의미도 없었다. 엄마가 친정에서 산후조리하라고 해서 그렇게 하기로 했다. 10월에 먼저 출산한 사촌언니가 아기가 퇴원해서 오면 산후도우미라도 부르라고 조언해 줬다. 찾아보니 이른둥이는 거부하는 업체가 많다고 했다. 결국 이것도 관뒀다. 포기해야 하는 것이 정말 많았다.

친구가 전화가 왔길래 상황을 이야기했더니 왜 빨리 말을 안 했냐고 화를 냈다. 이제는 눈물도 나지 않아 담담하게 이야기했다.
"결국은 이 시간이 다 지나갈 걸 알거든? 좀 시간이 지나면 아기가 어떻게든 건강하게 자라 있겠지. 그냥 그 시간으로 빨리 좀 가고 싶다."
전화를 끊고 한참이 지나서 친구가 장문의 메시지를 보냈다.

> 애기가 건강하게 자라 있는 곳으로 가고 싶다는 말이 왜 그렇게 머리에 남는지, 그리고 우리 나이 앞자리 바뀌어서 그런지 눈물이 왜 이렇게 나는 거니? 사실 너에게 아무렇지 않게 축하한다고 해야 할지, 아기도 힘내는 중이라고 같이 힘내자고 응원을 해야 할지 잘 모르겠더라. 확실한 건 너의 모든 상황에 공감하고 너의 생각에 나도 동의한다는 거야

친구의 고민과 진심이 느껴져 정말 고마웠다. 사촌언니는 수술 후 필요한 용품들과 이른둥이용 배냇저고리를 챙겨주겠다고 했다. 마음을 써 주는 사람들이 많아 감사했다.

오후에 혈압이 오르는지 두통이 생겼다. 간호사 선생님께 말씀드리니 분만실 밖에 나가서 앞 복도를 좀 걷는 게 어떠냐고 하셨다. 그래서 3층 복도를 잠시 걸었다. 마침 면회 시간이었는지 분만실 바로 옆에 있는 신생아중환자실 앞이 북적였다. 분명 신생아중환자실인데 면회 온 부모님들의 표정이 다 밝아서 의아했다. 앞을 지나며 보니 내부에 있는 문에 '정상 신생아실'이라는 팻말이 붙어 있었다. 복도 쪽으로 나 있는 큰 통창은 정상 신생아실에 있는 아기들을 유리 벽 너머로 면회하기 위한 것이었다. 면회 시간 외에는 블라인드로 가려져 있어서 몰랐다. 마음을 다 잡으려고 정말 많이 노력했는데 그 팻말을 보고 또 한 번 무너져 내렸다. 남편한테 전화했는데 받지 않았다. 복도 끝 엘리베이터 앞에서 혼자

울었다.

우리 아기는 저 '정상 신생아실'에 갈 수 없겠지…….

한참 뒤 남편에게 전화가 왔다. 퇴근 후에 집을 정리하고 오겠다고 했다. 나는 그냥 빨리 와달라고 말했다. 혼자 있기 싫었다. 7시 반쯤 남편이 왔다. 아빠 목소리가 들려서인지, 내 기분이 좋아져서인지. 아기가 엄청 태동했다.

남편과 다짐하듯 약속했다.

"아기가 아마 조산 될 거야. 지금은 걱정하더라도 아기가 태어난 다음에는 기뻐해 주자."

아기를 웃으면서 맞아주자. 다들 많이 걱정해 주니까 우리는 세상에 찾아온 것을 축하해 주고 축복해 주자.

* 마더케이 이른둥이 모유저장팩 지원사업 안내
마더케이에서 신생아집중치료실에 입원하여 치료 중인 아기에게 모유저장팩을 지원합니다. 자세한 내용은 옆의 링크에서 확인하실 수 있습니다.
이른둥이 가정을 향한 따뜻한 관심과 배려에 감사드립니다. 큰 힘과 위로가 되었습니다.
▶ 마더케이 이른둥이 모유저장팩 지원사업 안내

여보, 미안 나 못하겠어

"위로와 축하 사이"

처음 응급실에 입원할 때 왼쪽 팔꿈치 안쪽에 수액 바늘을 꽂았다. 바늘은 4일에 한 번 바꾼다고 했다. 21일에 입원하고 4박 5일째가 되는 2023년 2월 25일 토요일. 그날은 바늘을 바꾸는 날이었다. 4일간 한 몸처럼 함께 했던 바늘을 뽑았다. 수액 폴대를 끌지 않아도 되고 샤워도 할 수 있는 잠시간의 시간을 얻었다. 분만실 내에는 샤워가 가능한 공간이 없었기 때문에 위층에 있는 일반 병동의 샤워실을 이용했다. 4일 만에 머리도 감고 몸을 씻었다. 너무 상쾌하고 좋았다. 살 거 같다는 느낌도 들었다. 기분 좋게 병실로 돌아왔는데 머리가 아프기 시작했다.

두통이 점점 심해졌다. 혈압은 190을 넘어갔다. 혈압약을 계속 투여했는데 아무 소용이 없었다. 토요일이라 교수님도 계시지 않은 날이었다. 간호사 선생님은 오늘 수술해야 할 수도 있겠다며 일단 수술동의서를 쓰자고 하셨다. 머리가 아파 정신이 없는 와중에 제모를 마치고 수술 동의서를 썼다. 겨우 4일을 버텼을 뿐이었다. 아기는 여전히 재태주수 25주 차였고 작았다. 혈압을 내리기 위한 의료진의 노력이 계속되었다. 와중에 나의 두통은 점점 더 심해져서 머리가 깨질 듯이 아팠다. 혈압은 어느새 200을 넘겨 최고 201을 찍었다. 몇 시간이 어떻게 갔는지 모르겠다. 두통을 견디려고 애쓰다 보니 어느새 저녁이 되었다. 상태가 나빠 저녁 식사로는 흰 죽만 먹어야 했다. 다른 혈압약을 써서 겨우 혈압을 160 아래로 내렸다. 그런데 이상했다. 두통이 그대로였다. 하루 종일 그렇게 깨질 듯한 두통을 버티고 있으려니 정신이 나갈 것 같았다. '더 이상은 못 버티겠다'는 생각이 들자 곧이어 '나는 엄마 자격이 없나'하는 생각이 들었다. 내가 좀 더 버텨야 뱃속에서 아기를 더 키울 수 있었다. 참고 견뎌야 한다는 걸 아는데 입으로는 다른 말이 나왔다.

"여보, 미안. 나 못하겠어."

내가 온전한 정신이었는지도 모르겠다. 자꾸만 들락날락하며 내 상태를 지켜보시던 간호사 선생님들은 점점 더 초조해졌다. 간호사 선생님들은 나한테 결정을 하라고 하셨다. 그래야 교수님을 부를 수 있다셨다. 이제 출산은 내 선택에 달려있었다. 하지만 아무것도 결정할 수 없었다. 나 편해지자고 아기를 꺼낼 순 없었다. 그렇다고 이 고통을 더 견디기도 힘들었다. 머리가 아프다 못해 어지럽다는 생각이 들었다. 남편에게 어지럽다고 말하자마자 저녁으로 먹은 흰 죽을 다 토했다. 혼미한 정신으로 간호사 선생님께 "죄송해요, 죄송해요."하고 있으니 결국 간호사 선생님이 결정을 내리셨다.

"안 되겠다. 낳자!"

결정을 내리기까지는 힘들었는데 막상 출산이 결정되니 해방감이 들었다.

그날은 사실 고위험 산모 병실이 아주 바쁘고 긴박한 날이었다. 나 말고 다른 산모 중 한 분이 하루 종일 상태가 안 좋았기 때문이다. 그분은 나보다 훨씬 먼저 구토를 하시기도 했다. 우리는 같은 교수님이 보고 계신 산모였고 그분도 같은 날, 나보다 먼저 출산이 결정되었다. 그런데 수술실에 먼저 들어가게 된 것은 나였다. 지금 생각해 보니 그만큼 내 상태가 심각했던 것 같다. 수술이 결정되니 모든 것이 신속하게 진행되었다. 순식간에 침대에 실려 산소마스크를 쓴 채로 수술실로 이동하고 있었다. 산소마스크가 커서 눈에 걸리적거려 눈이 자꾸 감겼는데 간호사 선생님은 내 의식이 흐려지는 줄 아셨나 보다.

"산모님! 자면 안 돼요! 잠들면 안 돼요!"

"아, 저 이게 눈에 걸려서……. 안 자요. 괜찮아요."

의료진이 자면 안 된다고 하는 게 제일 심각한 상황이란 뜻이라던데. 의식이 있는데 간호사 선생님이 너무 급박하게 말씀하시니 괜히 뻘쭘했다. 남편은 수술실까지 침대를 함께 밀고 왔다가 문 앞에서 헤어졌다.

수술실에 들어가니 교수님이 오셨다. 아기에게도 혈류가 안 가고 있다고 낳는 게 맞다고 하셨다. 내 출산은 응급제왕절개로 진행되었기 때문에 척추마취가 아닌 전신마취를 했다.(조산이라고 해서 모두 이렇게 진행되는 것은 아니다.) 그렇게 잠이 들었다.

정신을 차리니 눈앞에 시계가 보였다. 시간이 새벽 1시가 넘어 있었다.
"아기 토요일에 태어났어요, 일요일에 태어났어요?"
옆에 계신 의료진 선생님께 여쭤보았다. 왜 그게 제일 먼저 궁금했는지는 모르겠다. 보통은 아기가 건강한지 물어봤어야 할 텐데 생일을 확실시하고 싶었던 걸까. 우리 딸은 토요일 밤 11시 48분에 태어났다고 했다.
침대에 실려 수술실 밖으로 나가니 남편이 있었고, 친정 엄마아빠도 와계셨다. 눈물이 줄줄 났다. 아빠가 "소은아, 울지 마라."하며 나를 보고 웃어주었다. 엄마아빠는 다시 분만실로 옮겨지는 그 1분 남짓한 시간만 나를 보고 다시 집으로 돌아갔다.

나는 워낙 위험한 상태에서 수술했기 때문에 출산 후에도 상태를 좀 더 지켜봐야 했다. 고위험 산모 병실을 벗어나 맞은편에 있는 다른 병실로 옮겨졌다. 새로운 병실은 침대가 2개 있는 곳이었지만 나 혼자 썼다. 덕분에 옆에 있는 침대에서 남편도 쉴 수 있었고 둘이 두런두런 이야기도 할 수 있었다. 이제 잠을 자면 안 된다고 해서(전신마취 수술 시 출혈 등 다른 사유로 의식을 잃어가는 것인지에 대한 확인이 필요하며, 수면 시 마취가 깨는 것에도 방해가 된다. 마취가 깨지 않을 경우, 기관들이 본 기능을 회복하는 것에도 어려움이 발생한다.) 남편과 밤새 이야기를 했다. 아기는 나보다 한참 먼저 나와서 신생아중환자실로 옮겨졌다고 했다. 다행히 태어날 때 울었다고, 그게 엄청 중요하다고 말씀하셨단다. 옮겨지는 아기를 보며 남편은 오열을 하고 울었댔다. 그렇게 소리 내어 울고 있는 남편에게 아기를 데리고 나온 간호사 선생님이 하신 말씀은 "축하드려요."였다.

병실에 조금 있으니 아기 처치가 다 되었다며 보호자를 불렀다. 남편이 아기를 보고 왔다. 남편이 찍어온 사진 속 우리 아기는 정말 정말 작았다. 그래도 입원 당시 아기의 체중이 580g이었는데 670g으로 태어났다. 90g이나마 크게 태어나 주었다는 사실이 고마웠다.

아침이 되어 여기저기 출산 소식을 전하며 기도를 부탁드렸다. 다들 많이 걱정해 주시고 위로해 주셨다. 축하보다 걱정을 더 많이 받으며 태어나는 아기지만 누구보다 많은 사람의 기도를 받으며 태어난다는 사실이 감사했다. 사촌언니는 큰엄마로부터 소식을 전해 듣고 전화를 해서 이렇게 말했다.

"소은아! 너무 기뻐서 바로 전화를 해버렸다!"

놀랍게도 사람들이 해준 모든 말 중에 언니의 그 말이 가장 위로가 되었다. 우리 아기의 탄생을 그저 기뻐하고 축하해 주는 사람이 있다는 사실이 제일 고맙게 느껴졌다.

출산 당시 만삭이 아니었기 때문인지, 상황을 이겨내기 위해 아드레날린이 엄청 나와서 고통을 인지하지 못했던 것인지. 이유는 모르겠지만 회복이 빨랐다. 아기를 내보내고 나니 혈압도 서서히 정상으로 돌아왔다.

이제 너의 싸움이 시작됐다.

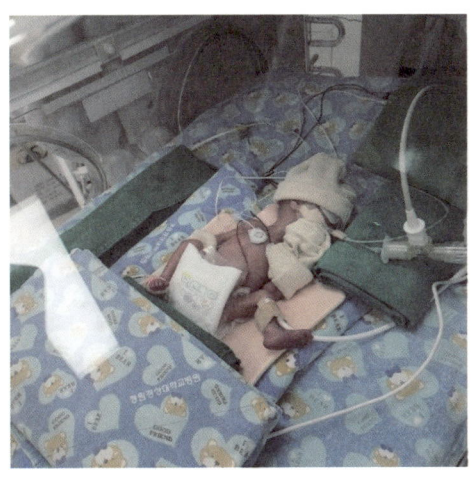

출생 당일, 처치를 마치고 찍은 아기 사진

너의 싸움이 시작됐다

"

이 주수의 애들은 생존확률이 50%라서
한 달이나 한 달 반은 지나야 장담할 수 있어요

"

너를 처음 만난 날

"사랑해, 세상에 태어난 걸 축복해, 우리 앞으로 잘 살아보자"

2023년 2월 25일 23시 48분. 사랑하는 우리 딸 나연이는 재태주수 25주 3일생, 670g으로 세상에 태어났다.

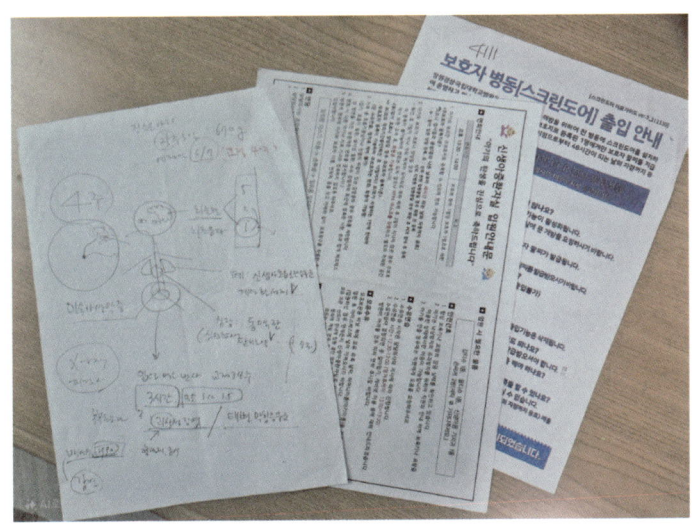

새벽녘, 처치를 마친 아기를 보러 갔던 남편은 종이를 여러 장 받아왔다. 신생아중환자실 입원안내문과 보호자 출입 안내문, 그리고 그림과 메모가 적힌 종이가 1장 있었다. 교수님이 아기에 대해서 종이에 그림을 그리고 필기를 해가며 설명해 주셨다고 했다. 이제 막 이른둥이의 세계에 입성한 초보 부모에게 OT를 해주신 것 같은 느낌이었다. 남편은 울면서 OT를 들었댔다. 그래도 우는 와중에 성실하게 듣고 병실에 돌아와 나한테 차근차근 설명해 주었다. 종이에는 지금 우리 아기의 상태와 앞으로 우리 아기에게 찾아올 수 있는 여러 병들이 적혀 있었다. 아기에게 1기 뇌출혈이 있다고 했다. 아기가 원래 태어날 예정이었던 6월 7일은 이제 '예정일'이 아닌 '교정일'이 되었다. 뱃속에 있을 때 주수를 세던 '재태주수'도 '교정주수'가 되었다. 이제 이 '교정주수'에 따라 아기가 통과해 나가야 하는 숙제들이 있었다. 몇 주차에는 이걸 할 수 있어야 하고, 또 몇 주차에는 어떤 검사를 통과해야 했다. 엄마 뱃속에서 시간을 다 채우고 나오는 아기들은 당연하게 갖춰져 있는 것, 할 수 있는 것들이 우리 아기에게는 숙제가 되었다.

『열무와 알타리』라는 웹툰이 있다. 뇌성마비 장애아이를 키우는 일상을 그린 작품이다. 평소 결혼·육아 장르 웹툰을 좋아해 즐겨 봤었다. 작가님은 태아에게 부정맥이 생겨 1kg 초반의 쌍둥이를 이른둥이로 낳으셨다. 처음 이 웹툰을 접했을 때는 나한테 이런 일이 생길 줄 몰랐다.

고위험 산모 병실에 입원하니 이 웹툰이 생각났다. 입원해 있던 4박 5일 동안 출산과 신생아중환자실 부분만 2번을 정주행했다. 출산 후 병실에 있는데 옆자리 산모가 발도장을 보며 좋아하는 것을 보고, 태어난 아기들은 발도장을 찍는다는 것, 그리고 이른둥이는 발도장이 없다는 것을 알게 되어 우셨다고 했다. 나연이를 출산하고 나니 그 생각이 나서 "우리 아기도 발도장이 없겠구나."하고 아쉬워하고 있었다. 그런데 간호사 선생님이 발도장을 찍을 용지를 가지고 보호자 동의를 받으러 오셨다.

"저희 아기도 발도장 찍어요?"

"어? 네, 찍죠?"

왜 그런 걸 물어보냐는 반응이셨다. 안 찍어주는 줄 알았다고 감사하다고 말씀드렸다. 내색하지 않으려고 했지만 정말 기뻤다. '이른둥이 아기의 발도장을 찍어주는가'의 여부는 각 병원 지침에 달린 것 같다. 누군가는 생사를 오가는 아기의 발에 잉크를 바르고 도장을 찍는 게 맞냐고 할지도 모르겠지만 나는 좋았다.

자면 안 된다고 해서 시간을 어떻게 보내나 했는데 금세 밤이 샜다. 혼자 병실을 쓰는 덕분에 온라인으로 소리를 켜고 주일예배를 드릴 수 있어서 좋았다. 오후 1시 반이 되어 남편이 처음으로 아기 면회를 갔다. 남편이 영상통화를 걸어주었다. 그렇게 처음으로 아기와 대면할 수 있었다. 새빨갛고 작은, 말 그대로의 핏덩이 우리 아가……

오후께 소변줄을 뽑았다. 오늘 중에 스스로 화장실을 한 번 가야 한다고 했다. 걸을 수 있을까 의문이었지만 생각 외로 쉽게 다녀왔다. 사촌언니는 제왕절개 후 일주일을 누워 있었다고 했는데 나는 당일에 바로 걸은 셈이다. 그러고 보니 통증이 있을 때마다 누르라던 페인부스터 버튼은 그다지 누를 일이 없었다. 아픔이 별로 느껴지지 않았다. 그렇다고 안 누르기는 뭔가 아까워서 약간 불편하다, 불쾌한 느낌이 든다 싶을 때마다 눌렀다.

최근에 임신 중인 친구가 아기의 머리가 커서 제왕절개를 고려해야 한다며 많이 아프냐고 물어왔다. 나는 "미안한데 모른다."라고 대답했다. 지금 생각해 보면 나연이를 낳았던 그 당시의 나는 제정신이 아니었던 것 같다. 걷기를 빨리 걷기도 했지만 추위도 잘 못 느꼈다. 2월 말이라 아직 한겨울이었는데도 반팔 원피스인 산모용 병원복만 입고 병원을 돌아다녔다. 몸이 계속 후끈후끈했던 것 같기도 하다. 어쩌면 너무 충격적인 상황에 뇌의 어떤 영역의 스위치가 내려갔던 것은 아닐까.

어찌 되었든 빨리 걸을 수 있게 된 덕분에 다음 날 면회는 내가 갈 수 있었다. 신생아중환자실 앞 방문자 명부에 이름과 전화번호를 적었다. 시간이 되자 문이 열렸다. 손 소독을 하고 그 위에 일회용 비닐장갑을 끼고, 일회용 앞치마까지 하고 나서야 안쪽에 있는 신생아중환자실로 들어갈 수 있었다. 우리 아기는 문에 들어가자마자 오른쪽으로 꺾으면 보이는 의료진 컴퓨터 좌석 바로 옆에 있었다. 그 자리는 '가장 주의를 요하는 아기 자리'라고 했다. 간호사 선생님들이 일하시다가도 상시 지켜볼 수 있고 바로 달려갈 수 있는, 가장 위험한 아기의 자리에 우리 아기가 있었다.

  마음의 준비를 많이 했다고 생각했는데 아니었다. 남편이 찍어온 아기 사진도, 영상통화를 캡처한 사진도 수없이 많이 봤는데. 남편이 아기가 엄청 작아서 눈물이 많이 난다고 말해주기도 했는데, 실제 우리 아기는 상상보다 훨씬 더 작았다. 아기의 작은 발은 내 짧은 엄지손가락만했다. 어른 손가락 마냥 가는 팔과 다리, 작은 몸 여기저기에 관을 달고 테이프를 붙이고 있는 모습이 너무 안타까워서 한없이 눈물만 났다. 그 핏덩이 같은 몸으로 준비 없이 갑자기 엄마 몸 밖으로 끄집어내지게 해서 미안했다. 살겠다고 애쓰는 아기를 보고 계속 울고만 있으니 우리 아기 설명을 마치고 다른 아기들에게 가셨던 간호사 선생님이 돌아오셨다.

  "아기 잘하고 있어요."

  교수님도 오셔서 아기가 자가호흡을 조금씩 하고 있어서 내일은 인공호흡기(폐가 미성숙해서 계속 쪼그라들기 때문에 장치를 붙여 떨어서 펴주면서 기도삽관을 통해 산소를 주입한다)를 뗄 수도 있을 거라고 하셨다.

  엄마 몸이 안 좋아서 널 다 자라게 해줄 수 없었는데, 스스로 힘내서 자라고 있는 아기가 고맙고 기특하고 또 미안했다. 너무 보고 싶지만 안 쓰러워서 보고 있기가 힘들었다. 결국 면회 시간 30분을 다 채우지 못하고 도망쳤다. 신생아중환자실 밖에서 기다리고 있던 남편이 내가 일찍 나와서 놀랐다. 내가 엉엉 우니까 작아서 눈물 난다고 하지 않았냐고 했다. 병실에 돌아와 임신 당시부터 쓰고 있던 일기장에 아기에게 보내는 편지를 썼다.

그렇게 도망치듯 나와 놓고는 입원해있는 동안 주구장창 신생아중환자실에 갔다. 당연히 면회 시간 외에는 들어갈 수 없었다. 가서 하는 것이라곤 그저 신생아중환자실 앞 소파에 앉아 아기 명단 속 아기의 이름을 바라보는 것뿐이었다. 출생신고를 하기 전이라 아기의 이름은 '진소은NB(New Born)'였다. 그렇게 하루에도 몇 번씩 한없이 아기 이름을 바라보다가, 유리벽 안 정상 신생아실 아기들의 소리를 듣다가, 신생아중환자실 문 너머 저 벽 안쪽 아기가 있는 곳을 눈으로 짚어보다가 하며 시간을 보냈다. 실제로 보는 것은 힘들어했으면서 우습게도, 그렇게라도 아기 가까이에 있으며 아기를 느끼고 싶었다.

　면회는 아기 1명당 보호자 1명만 할 수 있다. 개학을 하면 남편은 평일에 아기 면회를 할 수 없었다. 그래서 2월 28일, 3월 1일 면회는 남편에게 양보했다. 남편이 아기를 보러 가는 날. 나는 들어갈 수 없는 걸 알면서도 남편과 함께 갔다. 앞에서 서성이더라도 아기랑 가까이 있고 싶었다. 신생아중환자실 앞 소파에 앉아 남편을 기다렸다. 창문을 통해 정상 신생아실 면회를 하는 부모들 뒤에 산모용 병원복을 입고 앉아 있는데 어쩐지 가시방석이었다. 흘긋흘긋 쳐다보는 눈도, 내 아기를 생각하는 마음도 다 힘들었다. 결국 더 앉아 있지 못하고 일어나 복도 끝 멀찍이 자리를 옮겼다.

여기에 아기가 없어

"아기가 엄마도 살리고 자기도 살려고 일찍 나온 거예요"

    교수님이 회진 오셔서 퇴원 이야기를 하셨다. 갑작스레 응급실에 온 뒤로 갑갑하고 막막하기만 했던 병원이었다. 나는 집에 빨리 가고 싶다고 했다. 교수님은 다음 날(3/1) 퇴원을 허락해 주셨다. 기다리던 퇴원이었지만, 눈앞에 다가오니 아기랑 떨어져야 하는 게 실감 났다. 입원해 있을 때도 자주 만나진 못했지만, 아기와 한 건물에 있으며 느끼는 안정감이 있었다. 나연이만 병원에 두고 집에 가려니 마음에 걸렸다.

    밤에 남편과 함께 신생아중환자실에 또 한 번 갔다. 걸어가면서 하루 동안 들었던 생각을 남편에게 이야기했다. 아기가 뱃속에 있으면 계속 함께 일상을 보내고, 엄마아빠 목소리를 들려주고, 밤에 아빠가 성경 동화를 읽어주며 아이를 기다릴 수 있을 텐데 더 이상 태동을 느끼지도 못하고 만삭 사진도 찍을 수 없다. 우리 아기는 하루 종일 고요한 신생아중환자실에서 기계음을 듣고 있어야 한다. 아기와 함께 할 시간을 뺏긴 것만 같은 기분이 들었다. 병실에 거의 다 왔을 때, 배를 만지며 남편에게 "여기에 아기가 없어."라고 말했는데 갑자기 눈물이 터져 나왔다. 그대로 한 시간을 내리 울었다.

그때까지는 이 모든 과정을 겪으면서 한 번도 하나님을 원망하지 않았다. 스스로 그게 정말 대견했다. 하지만 자각하고 보니 내 삶이 너무 가혹하게 느껴지고, 하나님이 원망스러웠다. 앞으로 무슨 일이 더 일어날까 두려웠다. 한참을 울고 남편이 계속해서 달래주어도 진정이 되지 않아서 결국 남편과 한 번 더 나가서 걸었다. 남편이 말했다.
"목소리 못 들려주고 함께하지 못하는 거 많이 아쉽지만, 아기가 퇴원했을 때 더 좋은 부모가 되어주자."

마음을 추스르고 병원 지하 편의점에서 달달한 간식을 잔뜩 사 와서 먹었다. 병실 침대에 누워서 감사한 것 10가지를 써보았다.

1. 우리 딸 폐가 많이 펴져서 흔들어주지 않아도 되는 것
2. 오늘 아빠가 볼 때 많이 움직인 것
3. 더 이상 태동을 느낄 수 없지만 2주씩, 한 달씩 검진을 기다려 초음파 보지 않아도 매일 30분씩 직접 볼 수 있는 것
4. 좋은 의료진에게 24시간 돌봄을 받는 것
5. 아이와 내가 모두 건강한 것

6. 아이를 계속 보러 오며 3개월의 월급과 휴식을 가질 수 있는 것

7. 남편과 서로 위로하고 보듬을 수 있는 것

8. 나를 돌봐줄 친정 식구가 있는 것

9. 병원과 집과 친정이 가까운 것

10. 우리 아가 주수에 따라 나올 검사 결과가 안 좋더라도 의료진이 미리 대비하고 있다고 해주신 것

감사한 것을 적었지만 그래도 현실을 직면하니 시도 때도 없이 눈물이 났다. 받아들이는 데 많은 시간이 걸릴 것 같았다.

다음 날, 남편은 새 학기 준비가 마무리되지 않아 오전에 출근을 해야 했다. 남편이 점심쯤 퇴근해서 오면 아기 면회를 한 후에 퇴원하기로 했다. 아침에 짐을 미리 조금 빼두려는데 남편이 혼자 들기엔 짐이 많아서 같이 지하 주차장에 내려갔다. 남편과 좀 더 인사하고 싶었는데 남편이 배가 아프다며 병실에 올라가라고 하고는 화장실로 가버렸다. 혼자 남겨진 것 같은 느낌이 들었다. 불편한 몸으로 혼자 병실로 돌아가는 길이 너무 처량하게 느껴졌다. 감정에 너무 매몰되지 않으려 생각을 끊었다.

'아기는 힘내서 살려고 애쓰고 있으니, 나도 힘내자.' 다짐하며 병실로 돌아갔다.

침대에 누워 쉬다가 양쪽 손목 사진을 찍었다. 수술 후 양쪽 핏줄이

다 터져 있었다. 나중에 아기한테 엄마도 얼마나 고생했는지 보여줘야지 생각했다.

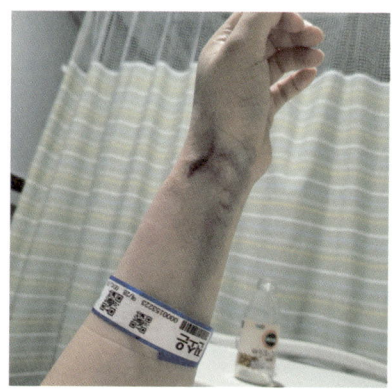 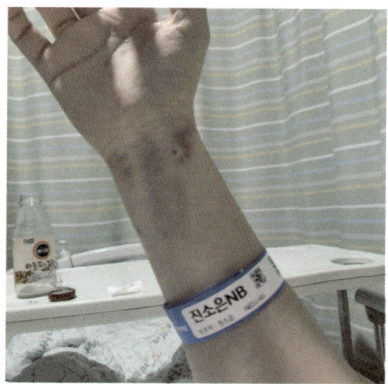

점심시간이 좀 지나서 퇴원 수속을 하러 갔다. 혼자 옷을 갈아입고 가방을 메고 병실을 나섰다. 공휴일이라 응급실에서 수속을 해야 했다. 응급실에 가려면 병원 외부로 나가서 다른 출구로 들어가야 한다. 덕분에 입원한 이후 처음으로 병원 건물 바깥에 나왔다. 여기 처음 왔을 때가 생각났다. 겨울이라 이미 어두웠던 화요일 저녁, 남편과 다급하게 응급실로 가는 길을 찾아다녔다. 뱃속 노아(태명)에게 습관처럼 말을 걸려다 멈췄다.

'이제 우리 아가가 뱃속에 없지…….'

조금 허했지만 출산 후의 허전한 마음은 만출 자연분만 산모도 느낀다고 들었다. 스스로 위로하며 그냥 신생아중환자실에 있을 나연이에게 텔레파시를 보냈다.

"임신중독증으로 죽는 산모가 매년 죽는 임산부의 15%라는데 우리 둘 다 살아서 정말 다행이지? 조금 빨리 떨어졌지만 곧 함께하게 될 거야. 엄마가 진짜 매일 올게……."

남편이 나연이 면회를 들어갔다가 나왔다. 아기는 어느새 체중이 544g까지 줄었다. 신생아는 원래 초반에 출생체중보다 체중이 줄어든다. 생리적 체중감소라고 해서 태어난 직후에 체액 손실과 태변 배출 등으로 인해 일어나는 정상적인 과정이다. 하지만 정상적인 과정이라 해도 고기 한 근 무게를 겨우 넘기던 아기가 고기 한 근보다 작아졌다니 속상했다. 혈소판과 백혈구 수치가 낮아서 수혈을 했단다. 어쩐지 손에 감고 있던 붕대를 오늘은 안 하고 있어서 손가락이 움직이는 것을 처음으로 봤다며 동영상을 찍어 왔다. 다리를 쭉 뻗어서 덮어둔 초록 천 밖으로 빠져나오기도 했다고 했다. 별문제가 없다고 해서 다행이었다.

인터넷을 검색하다 보니 이른둥이에 대해 이렇게 말하는 글이 있었다.
"아기가 엄마도 살리고 자기도 살려고 일찍 나온 거예요."
참 따뜻한 말이었다. 처음 저 문장을 읽었을 때 정말 큰 위로를 받았다. 순간순간 마음이 너무 힘들 때마다 저 문장을 되새기며 마음을 다잡았다. 좀 더 품고 있을 수 있었으면 좋았겠지만 이게 우리가 모두 살 수 있는 유일한 방법이었을 것이다.

전날 밤 잠들기 전에 유튜브에서 장애인 자녀를 30년간 키우신 목사님의 말씀을 들었다. 삶이 내 뜻대로 되지 않을 때, 하나님께 상황을 직면할 용기를 달라고 기도하라고 하셨다.

"왜 나에게 이런 일이 일어나나요? 딸을 통해 나를 자라게 하신 건 알겠는데, 내 딸이 겪는 아픔의 의미는 뭔가요?"

평생 질문하며 살아오신 목사님의 삶과 고뇌를 들으며 내 안의 두려움도 사라지는 것 같았다. 나한테 이런 일이 일어나지 말아야 할 이유가 없다. 사실 세상 누구도 어떤 일을 겪어야 할 특별한 이유는 없다.

그저 각자에게 주어진 삶의 분량이 있는 것 같다.

너를 부르는 이름들

"새로운 세계를 만나다"

늦둥이 동생이 있다. 제일 큰누나인 내가 26살이 되던 해 5월에 태어난 남동생이다. 부모님이 재혼하신 것은 아니고 나랑 부모님이 같은 친동생이 맞다. 3자매로 20년 넘게 살아왔는데 친정엄마 나이 48세에 갑자기 찾아온 아들이었다. 세상 희한한 일은 다 나한테 일어나는 것 같다. 초초초늦둥이에 이어 초초초이른둥이까지 내 인생에 찾아왔다.

엄마아빠가 늦은 나이에 아기를 낳는 것을 늦둥이라고 한다. 그렇다고 엄마아빠가 어린 나이에 아기를 낳는 것이 이른둥이인 것은 아니다. 뱃속에서 주수를 다 채우지 못하고 태어난 경우, 이르게 나왔다고 해서 이른둥이가 된다. 나는 준비할 시간도 없이, 고위험 임산부 판정을 받은 지 단 4일 만에 다짜고짜 이른둥이 엄마가 되었다. 친정엄마가 48세에도 자연임신, 자연분만했기 때문에 젊은 나는 더 잘할 수 있을 줄 알았다. 젊은 건 다 소용없었다. 임신도 시험관으로 하고는 임신중독증으로 이른둥이를 낳았다. 사실 이른둥이라는 말 자체도 익숙하지 않았다. 그나마 많이 들어본 단어는 '미숙아' 정도였다. 출산하면 아기에 대해 공부하는 게 당연한 것이겠지만 내 경우는 명칭부터 각종 합병증까지 공부할 것이 많았다.

'이른둥이'는 비교적 최근에 사용하기 시작한 명칭이다. 출생 체중이 2.5kg 미만이거나 재태기간 37주 미만으로 출생한 아기를 통칭한다. 미숙아나 조산아가 주는 어감이 그렇게 좋지 않기 때문에 "세상에 빠른 출발을 한 아기"라는 뜻의 순우리말로 새로이 이름을 붙여준 것이다. 무려 국립국어원의 지원으로 신생아학회에서 대중 응모를 받아 1등으로 선정된 이름이란다. 그런데 사전에는 안 나온다. 표준어로 인정을 못 받는다고 한다. 아무튼 확실히 다른 사람에게 우리 아기에 대해 이야기해야 할 때 미숙아보다는 이른둥이라고 표현하는 게 훨씬 좋았다. 사랑하는 내 아기에게 '미숙하다'는 표현을 그다지 하고 싶지 않다.

세계보건기구(WHO)에서는 재태기간 37주 미만 또는 최종 월경일로부터 259일 미만에 태어난 아기를 미숙아 또는 조산아(Pre-term Infant)라고 한다. 조산아는 말 그대로 이르게 출산한 아기를 일컫는다. 임신주수에 따라서는 아기를 다음과 같이 좀 더 세부적으로 분류하기도 한다.

- 37주 이전 출생: 조산아(Pre-term Infant)
- 37주 ~ 41주 6일 출생: 만삭아(Term Infant)
- 42주 이후 출생: 과숙아(Post-term Infant)

출산예정일이 지나면 태반기능이 불안정해지기 때문에 과숙아의 경우에도 영양과 산소부족으로 인한 합병증(태변흡인증후군, 저산소성 뇌증 등)이 발생할 수 있다.

출생체중에 따른 분류는 다음과 같다.

- 750g 미만: micro-preemies(국내에는 없는 분류이다.)
- 1kg 미만: 초극소 저체중 출생아
- 1kg 이상 1.5kg 미만: 극소 저체중 출생아
- 1.5kg 이상 2.5kg 미만: 저체중 출생아
- 2.5kg 이상: 정상 출생아

나연이는 국내 기준으로는 초극소 저체중 출생아였고, 출생체중 670g으로 태어났기 때문에 micro-preemies에도 해당하는 아기였다. 내가 전혀 알지 못하던 세계에 갑자기 던져졌다. 우리 아기는 신생아중환자실(신생아집중치료실, NICU: Neonatal Intensive Care Unit)에 들어갔다. 요즘도 나는 지인들과 이야기하다가 '니큐(NICU)'라고 말하곤 하는데, 그럴 때마다 집에 가는 차에서 '보통 사람들은 니큐라고 하면 무슨 말인지 모른다'고 남편한테 핀잔을 듣는다. 나도 몰랐던 세계였는데……. 나연이로 인해 내 세계가 넓어졌다.

NICU에서 나연이 기저귀를 사와 달라고 했다. 국내에서 기저귀하면 모르는 사람이 없는 하기스는 전국의 대학병원 및 종합병원 NICU에 이른둥이 소형사이즈(~2.2kg) 기저귀를 무상공급 중이다. 하지만 배나연은 너무 작았다. 2.2kg은 무슨 1kg도 안 되는 아기라 700g 미만의 아기들이 사용하는 특별한 기저귀가 필요했다. 어디서 구매해야 하는지 몰라 또 열심히 검색을 하니 미숙아 전문 쇼핑몰이 있었다. 이름은 '이른둥이'. 700g 미만의 아기가 사용하는 기저귀는 팸퍼스사의 'P3' 뿐이다. 국내에는 저 쇼핑몰에만 입고되어 있었다.(현재는 그마저도 입고되지 않는다. 해외배송을 이용하면 구매가 가능하지만 도착 전에 아기가 성장하는 경우가 많다. 대부분 하기스 제품을 접어서 사용하거나 중형생리대를 대체해서 사용한다고 한다.) 20매짜리 6팩을 구매했는데 8만 원이 넘게 들었다.

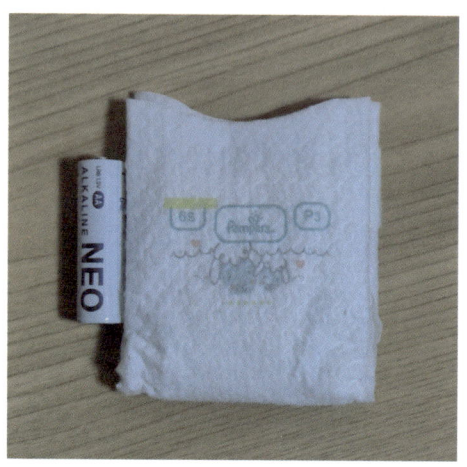

AA 건전지와 P3 기저귀의 크기를 비교한 사진

앞으로 알아야 할 것이 더 많을 것 같아서 초보 엄마는 적극적으로 공부를 하기로 했다. 이른둥이와 관련된 책을 찾아보았다. 정말 없었다. 사람들이 모르는 영역인 만큼 수요가 적기 때문이겠지만 허탈했다.『이른둥이 부모를 위한 가이드북』,『세상이 궁금해서 일찍 나왔니?』2권을 샀다. 가이드북은 이론서이고 뒤의 책은 신생아집중치료실 의사 선생님이 쓰신 에세이다. 사실 이른둥이 부모가 쓴 에세이를 제일 읽고 싶었는데 못 찾았다.(2019년에 발간된『이백일에 백일사진』이라는 책이 있다는 것을 얼마 전에 알았다. 온라인 서점에서 책을 주문하면 인쇄하여 제작해 준다. 2024년 9월 발간된『엄마라는 이상한 세계』도 있다.) 나보다 먼저, 나와 같은 경험을 한 사람들의 여정을 읽고 싶었다. 이른둥이 카페나 네이버 블로그에서 종종 글을 찾을 수 있지만 그런 글들은 대체로 단편적이었다. 카페는 대체로 고민 상담이고 블로그의 글들은 쓰다가 마는 경우가 많았다. 아쉽지만 어쩔 수 없었다. 대신 블로그와 유튜브를 열심히 찾아보고 카카오웹툰에 연재되었던 만화『열무와 알타리』를 자주 읽었다. 유튜브에 검색하면 나오는 '초극소저체중아' 아이들 동영상은 모조리, 몇 번이고 반복해서 봐서 아이들 이름을 외우는 수준이 되었다. 친정엄마와 시어머니도 그 영상들을 다 찾아보셔서 마치 지인 아이들 이야기하듯이 "ㅇㅇ이는 어땠더라."하고 대화할 정도였다.

'가이드북'이 도착하자마자 나도 읽고 남편도 읽었다. 말 그대로 가이드북이라 이른둥이와 관련된 모든 것이 주르륵 나열되어 있었다. 대신 각 내용을 깊게 들어가지는 않았다. '이런 병이 있구나'는 알 수 있지만, 그 병에 대해서 깊이 있게 다루지는 않는다. 그래도 많은 도움이 되었다.

이른둥이 출생은 전 세계적으로 많아지고 있다. 나처럼 시험관으로 임신한 경우에 그 위험이 더 높다. 고령 임신과 난임이 증가하고 있으니 이른둥이의 출생 비율이 따라서 올라가는가보다. 우리 부부의 SNS 알고리즘에는 이미 이른둥이가 입력된 것 같다. 새롭게 이른둥이가 태어나고 퇴원할 때마다 SNS가 부지런히 알려준다. 최근에는 22주에 태어난 쌍둥이가 무사히 퇴원했다는 소식을 들었다. 22주가 현재로서는 생존한 아기들 중 가장 이른 주수라고 알고 있다. 욕심이겠지만 이 세계가 많은 사람들에게 알려졌으면 좋겠다. 우리나라는 이른둥이 아기에 대한 지원을 굉장히 많이 해주는 편이다. 그렇지만 국가를 운영하는 사람들이 조금만 더 관심을 가져줬으면 한다. 아기들이 인큐베이터에서 편하게 지낼 수 있게 팸퍼스 P3 국내 수급을 도와주거나 초극소저체중아용 기저귀 제작을 지원해 주었으면 좋겠다. 보통 사람들도 내 주위의 이른둥이와 그 부모가 어떤 시간을 보내고 있는지 알았으면 좋겠다.

이런 임신, 출산, 성장을 하는 세계가 있다. 그 세계가 내 세계가 될 수도 있다.

*미숙아에 대한 더욱 자세한 내용은 질병관리청 국가건강정보포털에서 확인할 수 있습니다.
▶ 질병관리청 국가건강정보포털 [미숙아]

*이른둥이 쇼핑몰: https://www.doongi.co.kr/
각종 미숙아용품 및 시중에서 찾기 어려운 관련 도서를 구매할 수 있다.

**이른둥이 관련도서 목록
[에세이/만화]
1. 『이백일에 백일사진』 (조혜원, 2019)
2. 『엄마라는 이상한 세계』 (이설기, 2024)
3. 『세상이 궁금해서 일찍 나왔니?』 (이철, 2022)
4. 『열무와 알타리』 (유영, 2021)

[이론서]
1. 『이른둥이 부모를 위한 가이드북』 (박진석, 2021)
2. 『이른둥이 육아 가이드북』 (김민희 외, 2018)
3. 『이른둥이 운동발달 가이드북』 (고주연, 2021)
4. 『이른둥이 튼튼하게 키우기』 (신손문 외, 2019)

모유는 곧 아기 약

"초유를 모두 버리다"

우리 몸은 신기하다. 나연이를 낳고 이틀 차부터 젖이 조금씩 돌기 시작했다. 40주를 채우고 태어나야 했던 아기가 25주 차에 나왔는데 몸은 출산을 바로 알아차렸다. 심지어 몸은 아기에게 무엇이 필요한지 정확히 알고 모유를 생성한다. 이른둥이를 낳은 엄마의 모유에는 아기의 건강을 지켜주는 면역성분이나 단백질 미네랄이 더 풍부하게 들어 있다고 한다. 난 아기에게 젖을 직접 물릴 수 없기 때문에 유축기를 이용해서 젖을 짠 뒤, 팩에 담아 NICU에 전달해야 했다. 남편이 부랴부랴 유튜브 영상을 보면서 미리 얻어두었던 유축기를 조립하고 사용법을 익혔다.

주치의 교수님은 아기가 처음 태어났을 때부터 매 면회 때마다 모유를 빨리 가져와 달라고 말씀하셨다. 내가 퇴원하는 날도 아기가 태변을 못 본다고 모유를 먹이면 좋아질 것 같다고 남편에게 말씀하셨더랬다. 그날 찍어 온 사진과 영상을 보니 나연이의 배가 엄청 빵빵해져 있었다.

산후조리를 위해 퇴원은 친정으로 했다. 친정에서 유축을 시작했다. 엄마가 스팀타월로 마사지하며 도와줬다. 젖양이 적지만 계속 유축을 해서 우리 아가 도시락을 많이 만들었다. 아기는 3시간마다 한 번에 1cc씩, 하루 8번을 먹는다고 했다. 간호사인 동생이 10cc 주사기를 많이 가져다주어서 유축한 모유를 넉넉하게 2~3cc씩 소분해서 담았다. 초유저장팩에 모유 2cc를 담고 지퍼를 눌러 닫으니 넣은 게 맞나 싶을 정도로 얇았다. 사촌언니한테 애기 1cc 먹는다고 하니 감도 안 온다고 했다.

엄마가 아기 모유 가져갈 때 쓰라고 다이소에서 보냉가방을 사왔다. 유축한 모유를 보냉가방에 아이스팩과 함께 담아 뿌듯하고 행복한 마음으로 아기 면회를 갔다. '이거 먹고 아기가 태변을 볼 수 있으면 좋겠다.' 기대하는 마음이 들었다. 그러나 기대는 산산이 부서졌다. 가져간 모유는 모두 폐기해야 했다.

간호사 선생님이 모유 수유 중 조심해야 하는 음식들을 설명해 주셨다. 매운 음식, 카페인은 물론 알레르기를 일으킬 수 있는 각종 음식들(밀가루, 우유, 각종 유제품, 두유까지도) 모두가 금지되었다. 아기에게 안 좋은 영향을 줄 수 있다고 했다. 나는 출산 후 병실에 있을 때부터 젖을 늘리려는 마음에 두유를 일부러 먹고 있었다.

그래도 애써 짜온 것 먹이고 싶은 마음에 주저하다가 간호사 선생님께 사실대로 말했다. 가져간 모유는 모두 폐기하기로 했다. 간호사 선생님은 가슴에 남아있는 것도 이틀 동안 최대한 짜서 버린 후, 토요일부터 유축한 것을 가져오라고 하셨다. 아기한테 안 좋은지도 모르고 두유를 먹은 엄마라고 내 얼굴에 써 있는 것 같았다. 나연이는 태변이 되직해 잘 배출하지 못해서 배가 불룩하고 검푸른 거였다. 면회 중에 입에서 계속 거품이 나와서 '침을 뱉는 걸까?' 생각했는데 소화를 못해서 자꾸 게워내는 것이라고 말씀하셨다. 변이 되직해서 모유를 먹이면 나아질까 싶다셨는데 나는 그나마 가져온 것도, 앞으로 이틀간 짜낼 것도 모두 버려야 했다. 숨 쉬는 것도 버거워하며 온몸을 들썩이는 아기를 보고 있기가 너무 힘들었다. 내가 너무 바보 같고 한심했다.

결국 또 면회 시간을 다 채우지 못하고 도망치듯 나왔다. 나연이에게 너무 부끄럽고 미안해서 다음 날 면회에 가는 것도 부담스럽게 느껴졌다. 나연이 얼굴을 못 볼 것 같았다. NICU에서 나오자마자 바로 옆에 있는 화장실에 들어가서 한참을 울었다. 출산 당일 첫 면회를 갔던 남편이 모유 수유 시 주의할 음식들을 듣고 와서 알려 주었다. 다 들었으면서 안일하게 생각했던 내가 부끄러웠다. 뱃속에서도 제대로 키워주지 못하고 빨리 내보냈는데, 아기가 태어난 뒤에도 제대로 하는 게 없는 것 같았다. 내가 아기를 자꾸 힘들게 하는 것 같아서 마음이 무너져 내렸다. 병원에 데려다준 친정 아빠가 신경 쓰일 것 같아서 차에서는 눈물을 꾹 참았다. 친정에 돌아와서는 베개에 얼굴을 묻고 울다가 잠이 들었다. 자다가 유축할 시간이 되어 또 유축을 하고, 유축한 젖을 그대로 싱크대에 버리는 데 또 마음이 무너져서 화장실에 가서 울었다. 울고 있으니 엄마가 와서 달래 주었다.

"내가 너무 한심해."

"왜 우노……. 니 잘못 아니다. 울지 마라. 병원에 있을 때 병원 식단에도 두유 있었지 않나? 사람 헷갈리게 하네."

대신 화를 내는 엄마 마음을 너무 아프게 할 것 같아 그만 울어야 했다. 나중에 생각해보니 엄마 말이 맞았다. 입원 기간 동안 산모식으로는 두유는 물론, 아예 유제품인 요구르트도, 빵도 나왔다. 허탈했지만 그러려니 하기로 했다. 보통 아기들은 괜찮지만 우리 아기는 그런 것에 더 큰 영향을 받으니까 조심해야 하는 거겠지. 임신보다 수유가 더 조심할 게 많은 거였다.

젖이 도는데 잘 안 나오는 것 같아서 산후가슴마사지를 받기로 했다. 아기를 조산했다고 하자 마음을 위로해 주시며 모유 수유에 대해 상세히 가르쳐 주셨다. 병원을 어디 다니냐고 물어보셔서 G대병원이라고 대답했더니 "G대, 그 할아버지 교수님?" 하셨다. '그분이 원래 모유를 '애기 약'이라고 하시며 중요시한다'셨다. 그리고 보니 아예 모유를 먹이지 않고 이른둥이용 분유만 먹이는 부모도 있던 것이 생각나고 마음이 편해졌다.

집에 가는 길에 엄마랑 교회에 들러 잠시 기도하고 갔다. '날마다 숨 쉬는 순간마다' 찬양에 눈물이 많이 났다. 숨 쉬는 순간마다 내 앞에 어려운 일이 보이더라도, 하나님 앞에 모든 일을 맡길 때 기쁨과 위로를 얻는다. 어차피 지금 내가 할 수 있는 일이 없다. 하나님 앞에 내려놓고 모두 맡기는 수밖에 없다. 비로소 정말로 마음이 편안해졌다.

속이 풀리고 나서는 사실 이틀간 편했다. 어차피 버릴 모유라고 생각하니 유축기 소독에서 자유로워졌기 때문이다. 친정엄마는 초유(분만 후 며칠 동안 분비되는 젖, 일반적인 젖과 달리 생존과 성장에 필요한 영양소와 항체가 더 많이 함유되어 있다.)는 더 안 나오는데 나중에라도 먹이게 얼려 놓으라고 했지만 그냥 속 시원히 버렸다. 당연히 나중에 후회했다. 그냥 모아둘걸. 사실 아이가 어느 정도 건강해진 후에는 우유고 밀가루고 그냥 먹었다. 실험적이었지만 아이는 다행히 괜찮았다.

미안하지만 나연아, 우유를 못 먹으니 엄마가 먹을 수 있는 게 너무 없었단다. 카페에 가도 커피는 당연히 안 되는데 각종 논커피 라떼음료도 마실 수가 없고, 쌀로 만든 빵이라도 계란과 우유는 들어가고, 애써 비건 아이스크림을 찾으면 단맛을 내야 해서 다 초코맛이고. 이 성분 안 돼, 저 성분 안 돼. 치즈도 안 돼, 뭐도 안 돼. 그렇다고 엄마가 젖 잘 나오랍시고 국밥만 먹고 살기는 너무 힘들었어. 그래도 건강한 모유 만들려고 좋은 음식도 많이 찾아 먹었으니 엄마를 좀 이해해 주겠니? 그래도 너 많이 아플 때는 정말 꾹 참았어.

　유축은 아기가 빠는 것에 비해 자극이 약하기 때문에 갈수록 젖양이 줄어들어 지속하기 힘들다. 하지만 나는 감사하게도 나연이가 퇴원할 때까지 젖양을 넉넉하게 유지할 수 있었다. 나연이가 젖병에 익숙해져서 젖을 잘 빨지 못할까 걱정했는데 다행히 퇴원 후에 직접 젖을 물려 수유하는 '직수'에도 성공했다. 덕분에 2개월 정도는 직접 수유하는 기쁨도 누렸다. 이후 분유로만 수유하게 되어 내 모유 수유는 끝났다. 그래도 장장 5개월에 가까운 기간 동안, 시간 맞춰 열심히 유축한 내가 스스로 대견하다고 생각한다. 유축을 해야 해서 아기가 없어도 일상에 제약이 많았다. 오히려 외출에 있어서는 아기가 없기 때문에 더 힘들었던 것 같다. 아기가 있으면 적당히 가리거나 방에 들어가 젖을 물리면 된다.(아니면 분유를 타 먹이거나) 하지만 유축을 하려면 유축기와 모유저장팩, 보냉가방, 아이스팩을 다 들고 다녀야 했다. 애초에 외출 시 맘 편히 유축을 할 수 있는 공간을 확보하기도 힘들었다. 그렇다고 정해진 시간에 유축을 안 해 버리면 유선이 막혀서 젖몸살이 나거나 결과적으로 젖양이 줄어든다. 결국 엄마의 일상은 하루 1번 있는 면회(외출)와 6-8번의 유축(집콕)으로 채워졌다.

　그래도 아기는 건강하게 자라주었으니까. 거기에 엄마 모유 역할이 어느 정도 지분이 있겠지! 잘했다 나 자신!

맨 얼굴을 처음 보았다

"그러나 반가움에 취할 수 없는 현실"

생후 7일 차가 되는 3월 3일, 모유는 버리고 없지만 주문했던 이른둥이 기저귀가 드디어 도착했다. 아기에게 줄 것이 있어 기쁜 마음으로 아기 면회를 갔다. 이전까지 아기는 황달로 인한 광선치료를 받느라 늘 안대를 쓰고 있었다. 그런데 이날은 아기가 안대를 하고 있지 않았다. 아기의 얼굴을 처음 봐서 깜짝 놀랐다. 반갑고 기뻐서 또 눈물이 났다. 얼굴을 보니 정말로 우리 아이를 만났다는 실감이 났다. 정말 사랑스럽고 예뻤다.

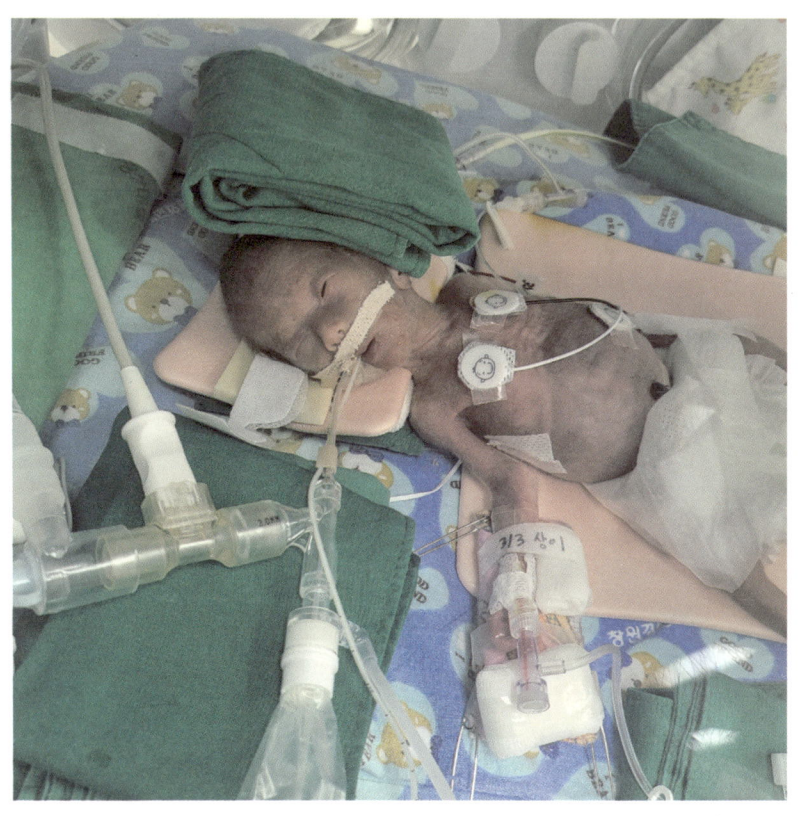

　전날은 태변을 못 봐서 관장을 할 수도 있다고 하셨는데 이날은 태변을 조금 했다고 했다. 여전히 배는 불룩하지만 관장은 좀 더 두고 보자고 하셨다. 아기 옆 모니터가 보여주는 그래프도 좋았고 혈색도 좋았다. 이제 왼쪽 손에 정맥주사를 달아 영양을 공급하고 있어서 배꼽에 달고 있던 줄은 뗐다고 했다. 교수님이 애가 엄청 움직인다며 말씀하셨다.

"난리를 친다 그냥."

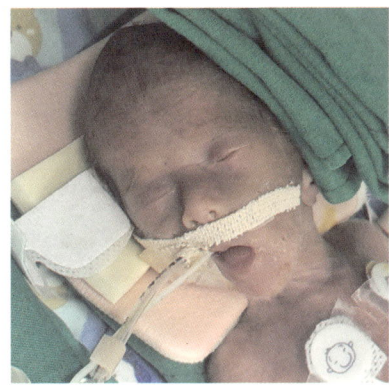 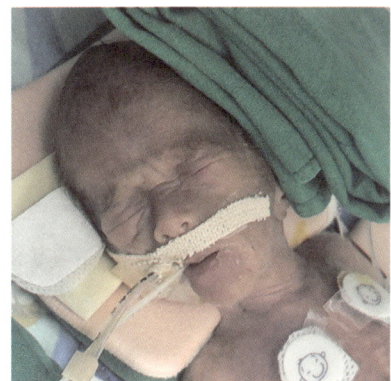

나연이는 전날보다 한결 편하게 숨을 쉬었다. 입도 오물오물 움직이고 표정을 찡그리기도 했다. 갑자기 눈을 조금씩 뜨기도 했다. 아주 작게 뜬 실눈이지만 너무 감격스러워 눈물이 났다. 조그만 녀석이 콧대도 있고 정말 예쁘게만 보였다. 아직 솜털이 보송보송한 우리 아가를 보고 있는 순간이 행복했다. 면회 시간이 끝나 나가려는데 발이 떨어지지 않았다. 결국 입구에서 다시 아기에게 돌아갔다. 얼른 아기와 함께 집에 돌아가고 싶었다. 이날은 아기와 헤어지기 아쉬워서 울었다. 아기의 얼굴을 찍어온 사진들이 너무 예뻐서 자꾸 보게 되었다.

사실 얼굴을 보자마자 '아빠 닮았네.' 하는 생각이 들었지만 재빨리 생각을 지웠다. 못내 엄마를 닮기를 바라는 마음이 있었던 것 같다. 모른

척 사진을 가족들에게 보냈다. 남편은 스스로 닮았다는 생각을 못했는지 얼굴을 본 것을 그저 반가워했다. 친정, 시댁 가족들은 사진을 보자마자 다들 남편을 닮았다고 했다. 조금 씁쓸했지만 인정할 수밖에 없었다. 25주 3일 차에 태어나 이제 막 재태연령 26주에 진입한 핏덩이한테도 유전자가 보인다는 게 신기했다. 남편이 자기 닮은 줄 모르겠다고 했다니까 동생들이 카톡으로 놀렸다.

"KTX 타고 가면서 봐도 오빠야 얼굴"

"형부 유전자 쎄네."

어느새 나연이가 태어난 지 일주일이 지나 다시 주말이 왔다. 남편이 면회 가는 날. 얼굴을 보길 기대하며 갔는데 아쉽게도 안대를 쓰고 있었다고 한다. 균 감염이 있어 나연이 입에 피가 나 있었다. 미숙아에겐 흔하다고 하셨지만 속상했다. 양손엔 이미 주사가 있고 왼발엔 산소포화도 측정센서가 붙어 있어서 그나마 아무것도 달려있지 않던 오른발에 항생제 주사가 꼽혔다. 남편이 찍은 영상과 사진 속엔 나연이 기저귀가 열려 있었다. 그 사이로 훤히 보이는 나연이 배는 심하게 부풀어 있었다. 태변은 사실 2~3일 내에 모두 배출해야 했다. 벌써 7일 차인데 태변 배출을 못해서 관장은 해야 할 것 같다고 교수님께서 말씀하셨다. 다행히 토요일이 되어 두유 먹은 모유를 다 짜내고 새로 유축한 모유를 들고 갔다. 모유를 가져왔으니 일단 바로 관장을 하지는 않고 모유를 먹이며 좀 더 지켜본다고 하셨다. 엄마아빠의 걱정을 알아챘는지 나연이는 이날 아빠가 면회하던 중 태변을 봤다. 힘내고 있으니 안심하라는 거였을까.

병명을 정확하게 말씀하시진 않으셨지만 출산 당일 교수님이 메모해 주신 종이에는 '태변 막힘 증후군'이라는 것이 있었다. 검색해보니 '태변 마개 증후군'이라는 것이 나왔다. 태변 마개 증후군이 있는 신생아는 출생 첫날이나 다음 날에 태변을 배출하지 않고, 대장은 딱딱한 태변으로 완전히 막힌다고 써 있었다. 막힌 곳 위로 소장은 확장하여 복부 팽창이 발생한다. 슬프게도 조산아, 특히 임신중독증으로 황산마그네슘을 투여받은 산모의 영아들에게서 더욱 흔하다고 적혀 있었다.

아기가 태어났을 때 처음 2주를 잘 버텨야 한다는 말을 들었다. 교수님께서 '이제 일주일을 잘 견뎠으니, 남은 일주일만 잘 버티면 된다.'고 말씀하셨다.

아가, 고생시켜서 미안해. 엄마가 맘마 가져왔어. 먹고 힘내서 태변 잘 내보내자.

다음날은 나연이가 안대를 하고 있지 않았다. 이제야 남편도 나연이 얼굴을 볼 수 있었다. 눈은 떠주지 않았다고 했다. 간호사 선생님들이 아기 이름 정했냐고 물어보셔서 정했다고 했더니 다들 기뻐해 주셨단다. '진소은NB' 이름표 밑에 우리 아기 이름을 귀엽게 적어놔 주셨다.

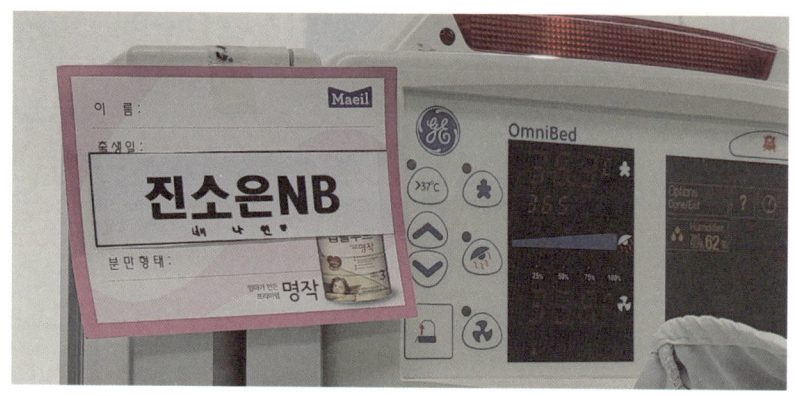

간밤에 아기의 혈색이 창백해졌었는데 '산증'이라는 병이랬다. 몸속 전해질에 불균형이 일어나 염기성분을 투여해서 잡았다고. 듣도보도 못한 처음 듣는 병명이 어쩜 이렇게 많은지……. 다행히 혈색이 돌아왔지만 여전히 빈혈이 있어 수혈을 하고 있었다. 전날의 균 감염으로 인한 항생제도 계속 투여 중이었다.

G대병원 신생아집중치료실에는 두 분의 교수님이 돌아가며 상주한다. 월~토요일은 주치의인 P 교수님이 계시고, 일요일 하루만 K 교수님이 계신다. 우리 아기의 첫 처치를 맡아주신 분은 K 교수님이셨다. 이 날은 일요일이라 K 교수님이 계시는 날이었다. 회진 때 남편에게 출산 당시 발생했던 1단계 뇌출혈에 대해서도 재차 설명해 주셨다. 미숙아에게 총 5단계의 뇌출혈 중 1~3단계까지는 괜찮다고 한다. 의료진이 매일 우리 나연이의 머리 초음파, 장 엑스레이를 찍어서 문제가 없는지 살펴

주고 계신댔다. 폐 또는 장이 안 좋은 것 같아 검사 중인데 폐는 괜찮은 것 같고 장에 구멍도 다행히 없다고 했다. 전날 면회 후에 변을 많이 봤고, 관장은 한번 했다셨다. 그래서인지 배가 쏙 들어가 있었다. 장 연동 운동을 잘 못해서 아기는 금식할 예정이라고 했다.

"미숙아들이 다 겪는 과정이니까 너무 걱정마세요."

교수님은 그렇게 말씀하셨지만 아기의 작은 몸에 자꾸만 바늘을 꽂고 칼을 대는 것이 너무 마음이 아프고 속상했다. 덤덤하게 받아들이려고 해도 순간순간 미안한 마음이 들었다. 엄마 뱃속에서 자랐으면 이런 과정을 겪지 않아도 되었을 텐데…….

그래도 교수님과 간호사 선생님들이 '처져 있으면 걱정할 텐데 아기가 엄청 'Active'하다'고 하셨다. 심지어 너무 많이 움직여서 초록 천으로 눌러둔다고 했다. 뱃속에 있을 때도 활발하더라니…….

> 마음껏 움직이던 네가 세상에 일찍 나와서 천으로 눌려 있게 되었구나.
> 나연아, 엄마가 아파서 너를 좀 더 품고 있어 주지 못해서 정말 미안해.
> 엄마가 매일매일 많이 기도하고 있어.
> 우리 아가 건강하게 자라자. 얼른 같이 집에 가자.
> 오늘도 잘 버텨줘서 고마워. 내일의 삶도 축복해. 엄마아빠가 많이 사랑해.

일기장에 편지를 썼다.

우리에게 주어진 시간, 일주일

"출생신고의 이유"

다시 평일이 되어 내가 나연이 면회를 갔다. 아기를 보러 가는 길 내내 나연이 입가에 피가 있으면 마음이 고통스러울 것 같아 두려웠다. 다행히 입가가 깨끗했다. 다만 장이 전혀 소화를 못 시키는 것 같다고 했다. 계속 금식하면서 영양을 정맥주사를 통해 투여할 예정이랬다.

컴퓨터 화면을 통해 나연이의 장 엑스레이 사진을 보았다. 장이 엄청 커져 있어서 부푼 것이 다 꺼질 때까지 금식한다고 했다. 교수님께서 말씀하셨다.

"우리한테 주어진 시간이 일주일 정도예요. 그 기간 동안 안 빠지면 이제 다른 장기들로 문제가 퍼진다구."

일주일 안에 아기가 떠나 버릴까 봐 두려웠다. 인큐베이터에 매달리듯 붙어서 아기에게 제발 가지 말라고 애원했다. 엄마 공부 많이 했으니까 혹시 장애가 생겨도 괜찮다고, 잘 키워주겠다고, 힘들어도 조금만 더 버텨달라고 부탁했다. 만질 수 없는 배를 인큐베이터 너머에서나마 쓰다듬으며 하나님께 간절히 기도드렸다.

내가 너무 우니까 간호사 선생님들과 교수님이 다시 오셨다.

"혈색도 주름도 좋고, 피부도 야들야들 괜찮은데……. 배도 많이 꺼졌는데 사진이 왜 저런지 모르겠어요." 간호사 선생님이 말씀하셨다.

"아기 잘 해낼거라. 우리가 도와줘야지 뭐!" 교수님도 말씀하셨다.

폐를 떨어주는 기계를 붙이고 있어서 내 아가는 면회하는 30분 내내 흔들렸다. 내가 오기 전에도 내가 나간 뒤에도 그랬을 것이다. 보고 있기가 힘들어 '나갈까' 하는 생각이 잠시 들었다. 하지만 하루 중 유일하게 아기를 만날 수 있는 시간인데 꾹 참고 옆에서 엄마 목소리를 들려주기로 했다. 그러다 나연이가 하품하는 모습을 보고 웃음이 났다.

교수님이 지나가시며 "지도 힘드니까 난리를 치는가 봐." 하셨다. 엄마는 그 말에 그동안 많이 움직였던 게 아프고 힘들어서였나 싶고, 활동적이라고 좋아했던 것이 속상했다.

면회를 마친 후, 남편에게 아기 출생신고를 빨리 해달라고 부탁했다. 혹시 아기가 잘못될까 봐. 세상에 흔적 없이 가버릴까 봐 너무 두려웠다. 내 첫 아이가 너였음을 서류에 얼른 남기고 싶었다. 한 번도 안아보지 못하고 이렇게 떠나지 말아 주기를 계속해서 빌었다.

저녁에 남편이 친정에 와서 남편 품에 안겨 한참을 울었다.

"사실 나도 무섭다." 남편이 말했다. 이 말을 날 위해 얼마나 참았을까. 집에 가서 아기를 위해 함께 기도해달랬더니 "말은 안 했지만 이미 그렇게 하고 있다."라고 했다. 그날, 밤이 깊도록 남편도 나도 각자의 자리에서 간절히 기도했다.

다음날, 두렵고 떨리는 마음으로 병원에 갔다. 신생아중환자실로 가면서 마음을 다잡으려 노력했다. 우리 아기는 내가 들어가자마자 눈을 반짝 떴다. 엄마를 반겨주는 것 같았다.

"어제 엄마 가고 나서 똥 제 손가락 세 개만큼 쌌어요! 놀라서 소리 질렀어요."

간호사 선생님이 흥분한 목소리로 말씀하셨다. 그 뒤로 대변을 계속 봐서 장은 이제 괜찮은 것 같다고 하셨다. 대소변을 둘 다 잘하고 있어서 모유로 다시 수유도 시작했다. 배가 부풀다 못해 울룩불룩 튀어나와 있기도 했는데 싹 없어졌다. 하나님께 정말 감사했다. 아기를 잘 돌봐주시고 아기의 호전에 진심으로 기뻐해 주시는 의료진분들도 너무 감사했다.

아침에 피를 왈칵 토했는데 색이 검은 것으로 보아, 속에 고여 있던 게 나온 것 같다고 하셨다. 동맥관(태내에 있을 때 폐가 아닌 태반을 통해 산소를 공급받으므로 폐로 향하는 혈류량을 최소화하기 위해 대동맥과 폐동맥을 연결해주는 기관, 출생 후 닫혀야 함)이 열려 있어 혈압이 떨어졌었는데 약을 썼더니 혈압이 바로 잡혔단다. 경과를 봐서 인공호흡기를 떼보려고 한다고도 하셨다. 엄마가 보고 있을 때 코로 숨을 쉬는지 콧방울이 뽀글뽀글 나왔다.

간호사 선생님이 "애가 똑똑한 거 같아요. 우릴 다 조종하고 있어."라고 하셨다. 의료진의 설명을 잘 기억해뒀다가 면회를 마친 후 남편에게 적어 보냈더니 남편이 아주 기뻐했다. 학교에서 일하며 계속 아이를 생각했을 남편은 "순간 울컥했다."고 말했다.

남편이 퇴근하고 나연이의 출생신고를 했다. 기념으로 주민등록등본을 한 부 받아왔다. 우리의 주민등록등본에 '자녀'가 생겼다. 배나연의 주민등록번호도 생겼다.

나연아, 엄마아빠는 벅차도록 행복했어.

다음 날(2023.3.8.), 30분 정도 병원에 일찍 가서 원무과에 등본을 제출했다. 우리 아기는 이제 '진소은NB'에서 '배나연'이 되었다. 면회 때마다 간호사 선생님이 아이의 성장과 상태, 치료 현황에 대해 설명해주시는데 "아기는…"으로 시작하던 첫 마디가 "나연이는…"이 되었다.

나연이는 드디어 태어날 때의 몸무게인 670g을 회복했다. 수유량은 2cc로 늘렸다. 똥은 자기 힘으로 조금씩 누긴 하는데 배가 완전히 꺼지진 않아서 더 지켜보기로 했다. 동맥관도 여전히 열려 있었다. 인공호흡기로 폐를 흔들어줘서 이산화탄소가 잘 빠져나갈 수 있도록 돕는데 아기 폐가 약하다 보니 이 과정에서 찢어지고 흉이 질 수도 있다고 했다.

흉 지면 만성 폐질환이 된다. 그렇게 하지 않으려면 스테로이드를 써야 하는데 이건 또 면역력을 떨어뜨려서 패혈증의 위험이 커진단다. 일단은 폐가 좀 괜찮아진 거 같아서 당장은 약을 쓰지 않고 지켜본다고 하셨다. 수혈은 전날 한번 했고 혈소판 수치는 좋아졌다.

다음 날은 하루 만에 체중이 60g 늘어서 731g이 되었다. 주치의 교수님도 모유 먹더니 살이 붙었다 하셨다. 대신 찌는 거 반, 붓는 거 반인 거 같다고 하셔서 엄마는 살짝 속상했다. 그래도 주수와 체중이 늘수록 아기에게 힘이 되니 좋게 생각하기로 했다.

인공호흡기는 안 떼는 게 나을 것 같다고 하셨다. 폐에 직접 스테로이드 약을 뿌리는 게 나을지 고민 중이라고 하셨다. 당장 아기를 편하게 해줄 수도 있지만 커서 힘들어질 수 있는 부분을 최소화하는 방향으로 치료를 진행 중이라고 하셔서 감사했다. 동맥관 열린 것도 당일까지 치료하고 안 닫히면 약을 한 번 더 쓸 수도 있다고 하셨다. 최대한 수술을 안 하려고 하신다고 했다. 나연이가 너무 작아서 칼을 대면 그때부터 상태가 급격히 안 좋아진다고 하셔서 순간 아득해졌다.

"32주는 돼야 안심할 수 있어요. 엄마는 매일 일어나는 일에 일희일비하지 말고, 모유만 잘 갖다 주세요."

일희일비 안 하기는 어떻게 하는 걸까. 아기의 작은 호전에 한없이 기쁘고, 체중이 10g이라도 줄면 한없이 실망한다. 새롭게, 끝없이 만나는

'○○증'들에는 말할 수 없이 두렵다.

생존확률 50%

"출생 후 2주의 산을 겨우 넘어가며"

나연이가 태어났을 때, 주치의 교수님은 앞으로 2주가 중요하다고 말씀하셨다. 2주는 참 더디게도 흘렀다. 시간이 더디게 흐르는 만큼 나연이의 성장도 더디게만 느껴졌다. 체중은 좀 늘어난다 싶으면 줄어들었다. 수유량도 마찬가지였다. 열심히 늘려놓으면 소화를 못해 금식하게 되고 다시 1cc부터 시작했다. 먹어야 체중이 늘고, 체중이 늘어야 아이에게 힘이 된다. 더디게 보여도 아이는 2주를 살아내며 충분히 애쓰고 자라고 있었겠지만 엄마는 마음이 조급했다.

생후 14일 차, 체중은 734g이 되었고 수유량은 4.5cc로 늘렸다. 아이가 먹는 양이 조금이라도 늘어나면 기뻤다. 소화는 조금씩 시키는 것 같다고 했다. 다만 전날 밤부터 또 대변을 잘 못 누기 시작해서 배가 살짝 볼록해졌다. 폐가 퍼지도록 흔들어주는 인공호흡기는 끊고, 폐에 약을 뿌리는 치료로 바뀌었다. 만성 폐질환을 방지하기 위해서였다. 동맥관을 닫아주는 약도 결국 1번 더 썼다. 약을 쓴 것이 벌써 3번째라 이번에도 안 닫히면 수술을 해야 한다고 했다. 그저 살아내는 것도 쉽지 않은데 폐 질환도 수술도 우리 아기에게 오지 않았으면 좋겠다는 생각을 했다.

다음 날, 토요일 밤에 태어난 우리 아기가 드디어 2주를 무사히 살아내고 3번째 토요일을 맞았다. 남편이 주치의 교수님께 2주가 지났는데 힘든 시기가 지난 거냐고 여쭤보니 이제 좀 안정기라고 봐도 된다고 하셨다. 아기가 잘 버텨준 것이 그저 감사했다.

일요일에만 계시는 K 교수님은 설명을 상세히 해주시고 부모를 안심시켜 주시는 것 같았다. 나도 K 교수님 계실 때 면회를 한번 해 보고 싶었다. 남편이 주말에만 아기를 볼 수 있기 때문에 일요일은 남편이 면회하는 날이지만 이날은 내가 면회하겠다고 했다. 안심하고 싶어서 그랬던 건데 안심하기엔 나연이의 컨디션이 너무 나빴다. 2주를 무사히 살아냈다고 해서 그 이후의 아기가 무조건 좋은 것은 아니었다. 여전히 넘어야 할 산이 많았다. 체중은 20g 줄어서 754g이었다. 수유량을 8cc로 늘리려고 했는데 배가 다시 너무 빵빵해져서 튜브를 꽂아 도와줘도 소화를 못 시키고 변을 못 봤다. 결국 장을 쉬게 해주기 위해 다시 금식한다고 했다. 다행히 변에 담즙이나 피가 나오는 것은 아니었다. 다만 밤사이 폐가 다시 안 좋아져 폐포가 퍼지지 않고 쪼그라들었고 혈압도 떨어졌다가 회복되었다고 했다.

"이 주수의 애들은 생존확률이 50%라서 한 달이나 한 달 반은 지나야 장담할 수 있어요. 나연이 친구들이 다 겪는 과정이에요. 부모님들은 처음 들어서 많이 놀라시지만 이 숙제들을 하나씩 해결해 가면서 성장하는 거예요."

안심하려고 오늘 면회를 들어왔던 건데 생존확률이 50%라는 교수님 말씀에 한없이 눈물이 났다. 전날 들었던 '안정기'라는 말은 꿈처럼 흩어지고 '생존확률 50%'만 머릿속에 남았다. 하루 종일 그 말에서 헤어 나오지 못했다.

집에 돌아와 계속 울적하게 시간을 보내다 무슨 마음에선지 아기방에 들어갔다. 들어차있는 아기용품들을 보다가 1월에 갔던 일본 여행에서 사 온 토토로 딸랑이를 발견했다. 코로나 시국에 결혼해서 신혼여행도 제주도로 갔었다. 아쉬운 마음에 태교여행 차 남편과 처음으로 갔던 해외여행이었다. 마지막 날 들렀던 지브리 캐릭터샵에서 아기를 생각하며 행복한 마음으로 이 딸랑이를 골랐다. 겨우 한두 달 만에 우리의 삶이 변했다. 행복했던 여행은 꿈만 같았고, 꿈꾸던 아기와의 일상도 흐려졌다.

딸랑이를 붙들고 한참을 울었다. 잠시 편의점에 갔다 왔던 남편이 놀라 들어왔다. 남편은 내게 왜 우냐고 묻지 않았다. 옆에 와서 등을 토닥이고 조곤조곤 달래 주었다.

"6월에 나연이 오면 다 쓸 수 있다."

(아기의 예정일이 6월 7일이었다. 퇴원일을 예정일 즈음으로 예상했다.)

사실 우울해하던 하루 동안 나는 아기가 잘못되는 50%만 머릿속에 가득했다. 무사히 아기가 우리 품에 오는 50%를 생각하다가도 순식간에 부정적인 가정들이 내 생각을 점령했다. 6월에 아기가 무사히 우리에게 돌아올 거라는 남편의 말이 잘 와닿지 않았다.

눈물이 좀 진정되고 나서 남편에게 그런 마음을 털어놓았다.

"27주에 아기 체중은 1,000g에서 1,300g 정도래. 우리 아기는 아직도 750g이야. 교수님이 나연이 보고 이 주수의 아기는 생존확률이 50%라고 말씀하셔서 사실, 오늘 하루 동안 아기를 혹시라도 떠나보낼 마음의 준비를 해야겠다고 생각했었어."

남편은 내 말을 듣고 "마음의 준비는 해두자."라고 했다. 싫었다. 나연이를 보내고 싶지 않다. 하루 내 나쁜 생각을 했으면서 남편에게 그 말을 듣고야 진짜 내 마음을 알 수 있었다.

아이를 보내고 싶지 않다.

산 넘어 산

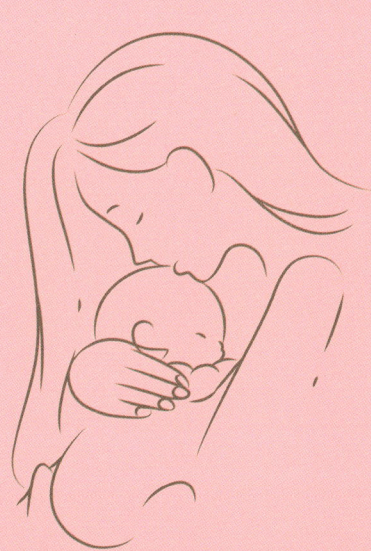

"

너의 가느다란 팔에 더 이상
바늘을 꽂지 않아도 된다면 얼마나 좋을까

"

700g에 심장수술

"동맥관 개존증"

3월 13일은 남편의 출산휴가 첫날이었다. 유축을 하고 있는데 모르는 번호로 전화가 왔다. 처음에는 안내멘트가 나와서 스팸전화인가 생각했다. 전화가 연결되니 G대병원 신생아중환자실이라고 했다. 가슴이 내려앉는 것 같았다. 아이에게 문제가 생기면 전화 주신다고 했었기 때문이다. 나연이가 오늘 동맥관 개존증 수술을 해야 할 것 같다고 했다. 다행히 수술은 예상 범위에 있던 일이었다. 그 사실에 그나마 안도하며 놀란 가슴을 달랬다.

태아는 엄마 뱃속에 있을 때 탯줄을 통해 산소와 영양소를 공급받는다. 이 시기의 폐는 물이 차 있다. 동맥관은 태아 순환을 유지하기 위해 대동맥과 폐동맥 사이를 연결해 주는 혈관이다. 우심실 혈액이 동맥관을 통해 대부분 대동맥으로 흘러가기 때문에, 폐로 들어가는 혈류량은 매우 적어진다. 아기가 출생하여 태반에서 분리되고 자가호흡과 폐순환을 시작하면 동맥관은 막혀서 동맥관인대가 된다. 동맥관 개존증은 출생 후에도 동맥관이 정상적으로 닫히지 않고 열려 있는 경우를 말한다. 이때 열려 있는 동맥관을 통해 비정상적인 혈액 흐름이 발생하며 이로 인해 심폐기능뿐만 아니라 뇌출혈, 신부전, 괴사성 장염 등의 합병증의 위험이 커진다.

나연이의 동맥관은 닫아주는 약을 3번을 썼지만 닫히지 않았다. 더 이상 수술 외의 선택지가 없는 상태였다. 아기가 너무 작아서 칼을 대면 그때부터 상태가 급격히 안 좋아진다던 교수님 말씀이 떠올랐다. 긴장된 마음으로 면회하러 가서 남편을 들여보냈다. 30분 뒤 남편은 코를 훌쩍이며 나왔다. 수술 안내를 받으며 울었다고 했다. 아기는 774g이었다. 아기의 상태가 계속 나빠지는 이유는 동맥관이 열려 있어 피가 힘 있게 몸에 다 돌지 못하기 때문이었다. 그동안 'Active 하다'는 말을 듣던 우리 아기는 재우는 약을 써서 미동 없이 누워만 있었다.

수술 설명을 듣고 수술동의서를 작성하기 위해 남편과 흉부외과 교수님께 갔다. 가슴을 왼편에서 열고 들어가 폐를 들어내고 심장의 동맥관을 스테이플러로 집어주는 수술이라고 했다. 신생아는 다른 방법을 쓸 수 없댔다. 나연이는 이 수술을 진행하는 아기들의 체중 범위에는 들지만 제일 작은 편이었다. 수술실로 이동하는 것이 오히려 위험할 수 있기 때문에 신생아중환자실에서 수술해야 했다. 수술은 3시 반에 시작해 1시간 정도 소요된다고 하셨다.

이후 발생할 수 있는 합병증과 후유증에 대한 설명이 이어졌다. 스테이플러를 잘못 집는 경우 아기의 혈관은 많이 약해서 파열될 수 있고, 이 경우 심장이 몇 번 뛰면 아기의 몸속 혈액(약 200cc 정도)이 모두 빠져나가 버리기 때문에 바로 사망한다고 했다. 파열이 발생할 확률은 1%였다. 적은 확률에 안심하려는 찰나, 교수님은 우리에게 말씀하셨다.

"이건 랜덤(Random)이에요."

우리 아기의 생명이 무작위 뽑기에 달린 기분이었다. 그 외에도 성대 마비, 폐 손상, 상처 감염, 출혈, 덜 닫혀서 잔여 발생 시 잘못된 혈류가 발생하는 션트 등의 합병증이 발생할 수 있고, 출혈이 있으면 재수술할 수도 있다고 했다. 수술 후에도 후유증의 가능성이 곳곳에 있다는 말씀도 하셨다.

파열 이야기를 들으며 남편은 옆에서 울었다. 나도 너무 두려웠다. 하지만 수술하지 않으면 이로 인해 결국 사망에 이를 수 있기에 선택의 여지가 없었다. 수술이 끝나면 병원에서 전화를 준다고 했다. 동의서를 작성한 후 병원을 나섰다. 남편과 별다른 이야기를 나누지 않았다. 할 수 있는 말이 없었다. 아니, 그냥 말할 수가 없었다. 가족들과 지인들에게 기도를 요청하는 문자를 보내고, 나도 기도하며 수술이 마치길 기다렸다.

4시 반이 다 되어가도 수술이 끝났다는 전화는 오지 않았다. 불안한 마음이 들었다. 결국 다시 병원에 갔다. 아기와 가까이 있고 싶었다. 사실 혹여나 아기가 잘못되었을 때 아기의 마지막을 함께해주고 싶은 마음이었다. 남편과 신생아중환자실 앞에 앉아 기다렸다. 정상 신생아실의 아기가 두 번 정도 울었다. 기도삽관 때문에 목소리가 나오지 않는 우리 아기가 떠올랐다.

"우리 아기도 얼른 저렇게 울었으면 좋겠다."

내 말을 들은 남편이 말했다.

"나도 그 생각 하고 있었다."

5시가 넘어가도 전화가 없더니 수술복을 입은 교수님 두 분이 차례로 나오셨다. 우리 아기 수술이 끝났구나 싶었다. 의료진 한 분이 이동식 기계를 끌고 들어갔다가 다시 나오셨다. 초조하게 전화를 기다리고 있으니 주치의 교수님이 나오셨다가 우리를 보셨다.

"수술 잘 됐어요. 수술하길 잘했어. 폐가 완전히 피바다가 돼 있더만."

이제는 아기의 혈압도 잡히고, 혈색도 좋아지고 있다며 내부가 정리되면 볼 수 있게 해주겠다셨다. 수술이 잘 되었다는 소식을 듣고 남편은 또 울었다. 조금 뒤에 수술 도구들이 있는 카트를 들고 의료진 2명이 나갔다. 사용한 수술 도구들을 보니 마음이 더 아팠다.

잠시 지나니 배나연 아기 보호자를 불렀다. 아기를 볼 자신이 없어 남편만 들여보냈다. 간호사 선생님이 나오셔서 어머니도 같이 들어오셔서 설명 들어도 된다고 하셔서 용기를 냈다. 처음으로 우리 가족 3명이 한자리에 모인 순간이었다.

왼쪽 갈비뼈 옆으로 반창고를 붙인 우리 나연이가 움직임 없이 누워 있었다. 일주일 전 고비를 넘길 수 있었던 것은 동맥관이 약으로 잠시 닫혔기 때문이었다. 지금 주수에는 열려 있는 게 정상이다 보니 동맥관이 다시 열리면서 아기의 상태가 나빠진 것이다. 수술은 잘 되었지만, 심장이 제 기능을 못 하고 있었기 때문에 적응하는 데 2~3일 정도 걸린다고 했다. 오늘 밤이 힘들 거라고도 하셨다.

'나연아, 잘 버텨줘서 고마워. 조금만 더 힘내자.'

의료진들이 주위에 가득해서 직접 말하진 못하고 다시금 간절히 텔레파시를 보냈다.

미동 없이 누워 있던 나연이가 우리가 나갈 때 손발을 조금 움직였다. 엄마아빠에게 인사해 준 것만 같았다.

셋 산 넘어 산

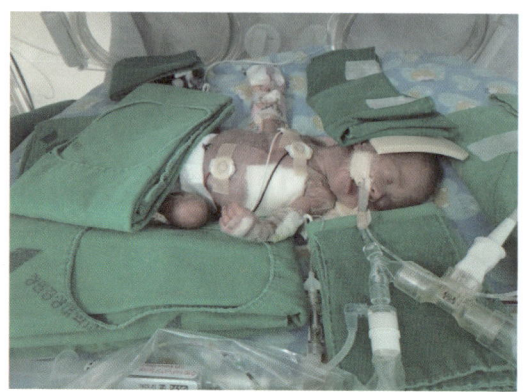

수술 후 왼쪽 흉부 수술 부위에 거즈가 붙어 있는 모습

 *동맥관 개존증에 대한 더욱 자세한 내용은 질병관리청 국가건강정보포털에서 확인할 수 있습니다.
▶ 질병관리청 국가건강정보포털 [동맥관 개존증]

쪽쪽이도 동의서가 필요해

"쪼오끔 유별나요"

    교수님은 종종 '아기들은 다 안다.'라고 말씀하셨다. 아기들이 엄마아빠가 오는 시간을 안다고 하셨다. 실제로 보호자가 면회를 오지 못한 아기들이 면회 시간 내내 울어서 간호사 선생님이 달래다 못해 캥거루케어하듯 대신 안고 계시는 일도 있었다. 심장 수술을 한 다음 날 면회를 가니 '밤새 나연이의 컨디션이 안 좋았는데 엄마아빠가 면회 갈 때쯤 많이 회복되었다.'고 했다. 어쩌면 나연이도 엄마아빠가 오는 시간을 알았던 걸까. 면회 시간이 되자 마침 컨디션을 회복한 것은 어쩌면 단순히 우연이 아니라, 아이가 최선을 다해 엄마아빠가 오기 전까지 회복해 냈던 것은 아닐까 하는 생각이 들었다.

    감사하게도 아기는 하루하루 상태가 좋아졌다. 남편이 찍어오는 영상도 다채로워졌다. 수술 이틀째에는 하품하는 것을 영상으로 남기는 데 성공했고, 그다음 날은 우는 것을 처음으로 보았다. 기도삽관으로 인해 소리는 나지 않았지만, 아이의 새로운 모습을 보아서 좋았다. 670g짜리 아기가 태어나면서 울었다고 해서 의구심이 들었는데 우는 영상을 보니 '그날도 이렇게 울었겠구나.' 싶었다.

나연아, 그렇게 우는 게 중요한 거였대. 장한 내 아기.

잘 회복해 준 덕분에 나연이는 수술 다음 날 아침부터 다시 1cc로 수유를 시작했다. 수술로 인해 몸이 부으면서 처음으로 체중 900g을 넘겼지만, 일주일에 걸쳐 도로 746g까지 줄어들었다. 재태주수는 이제 28주에 돌입했기 때문에 1kg이 넘어야 하는 시기인데 착잡했다. 아기의 상태가 좋아지는 것이 눈으로 보이긴 했지만 사실 겨우 생명이 위태로운 정도를 조금 벗어난 거였다. 여전히 우리 아기에게는 넘어야 할 산이 많았다. 심장 수술의 산을 넘으니, 그다음은 장 기능이었다. 수술 전 불룩하고 검붉던 배는 수술 후에도 금방 좋아지지 않았다. 면회를 갈 때마다 소변은 잘 보는데 대변은 잘 못 본다는 말을 들었다. 뱃속에 태변이 아직도 남아있다고 했다. 장 천공이나 괴사성 장염이 생길까 봐 너무 걱정됐다. 괴사성 장염은 이른둥이에게서 1,000명 중 1명꼴로 발생한다. 심할 때는 괴사한 장을 절제하고 배에 작은 구멍(장루)을 내서 똥이 장루를 통해 신체 외부의 가방으로 배출되도록 해야 했다. 매일 나연이 면회를 가면서 제발 오늘은 응가 잘했기를 기대했다. 누군가의 응가를 이렇게 간절하게 기다리게 될 줄이야.

심장 수술을 한 지 6일째 되는 날. 남편이 면회를 들어갔다. 그런데 면회가 끝나는 2시에 남편이 안 나왔다. 종종 면회가 끝나고 난 후 간호사 선생님들 컴퓨터로 가서 치료에 대한 동의서를 쓸 때가 있었다. 5분이 지나도 남편이 나오지 않아서 뭔가 동의서를 쓰는구나 직감했다. '무슨 문제일까? 수술이 필요할까?' 온갖 상상을 하며 마음을 졸이고 있으려니 남편이 나왔다. '쪽쪽이 동의서'를 쓰고 나온 거였다. 남편이 "쪽쪽이도 동의서가 필요하나?"라고 했다. 우리는 당연하게 동의했지만, 퇴원 후에 모유 수유를 하려면 젖꼭지 혼동 등의 문제가 있을 수도 있기 때문에 쪽쪽이 사용을 원하지 않는 부모들도 있다. 육아에 관한 생각은 모든 부모가 조금씩 다르다. 어떤 생각과 선택을 하든지 자기 아이를 위한 최선을 고민한 결과이므로 존중받는 것이 맞다고 생각한다. 나의 경우는 '드디어 우리 아기 빨기 연습 시작하는구나.' 싶어서 기뻤다. 남편은 당장 사용하는 것이 아니라 필요할 때 바로 사용할 수 있도록 미리 받아두는 것이라고 설명해 주었다. 그래도 곧 사용할 거라고 생각하니 아기가 자라고 있는 것이 실감이 나서 좋았다.

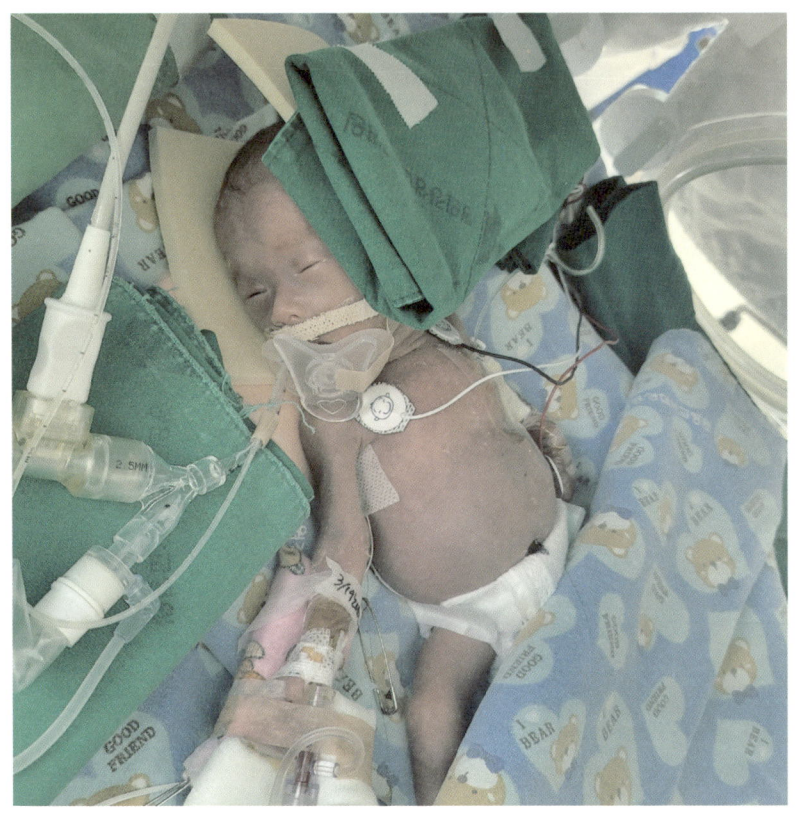

다음 날 나연이 면회하러 갔더니 쪽쪽이를 물고 있었다. 동의서는 미리 받아두는 거라고 해서 쪽쪽이를 실제로 하는 것은 한참 뒤의 일일 줄 알았는데 반갑고 신기했다. 간호사 선생님께 나연이가 쪽쪽이를 잘 빠냐고 여쭤봤더니 엄청 잘 빤다고, 입에 분비물 제거한다고 잠시 빼면 혀를 가만히 못 있고 막 찾는다고 하셨다. 그리고 보니 그날따라 입을 오물거렸다. 기특하고 예쁜 우리 아가.

  수술한 지 딱 일주일이 되자 드디어 체중이 다시 늘기 시작했다. 나연이가 엄청 움직이는 편이라 교수님은 "난리 치는 데 살은 찌는 게 신기하다." 하셨다. 소화도 잘 한다고 했다. 배가 많이 부풀어있는 것 같아 여쭤보니 "응가 잘하는데 복부 근육이 없어서 힘이 모자란 거 같아요." 하셨다. 그래도 장 사진은 괜찮고 나연이의 상태도 괜찮다고 했다. 하루가 더 지나니 나연이의 상태는 "이제야 좀 제대로 대변을 보는 것 같아요."로 바뀌었다. 배가 너무 부푸는 것 같으면 관장을 해서 도와준다고 했다. 덕분에 괴사성 장염으로 진행되지 않고 장 기능 걱정은 마칠 수 있었다. 이른둥이에게 주어진 산을 또 하나 넘었다.

  그래도 넘어야 할 산은 여전히 많이 남아있었다. 인공호흡기(기도삽관)를 여러 번 제거하려고 했으나 번번이 계획이 밀렸다. 3월 23일 드디어 기도삽관을 제거하고 다음 단계인 양압기로 교체했지만, 힘이 드는지 면회하는 중에 산소포화도가 70까지 떨어졌다. 결국 폐가 완전히 쪼그라들어버려 다시 기도삽관을 하고 몸을 떨어주면서 폐를 펴주었다. 아기가 처음 기도삽관을 제거했을 때는 신이 나서 발차기하더니 점점 힘이 드는지 처지면서 버텨내지 못했다고 한다. 갈빗대와 근육에 힘이 없어서 그렇댔다. 무리해서 기도삽관을 제거하지 않기로 했다. 얼른 살이 찌고 근육이 붙어서 아기의 힘이 되어주길 바랄 수밖에 없었다.

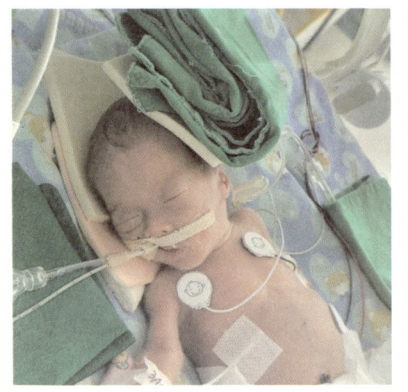
기도삽관

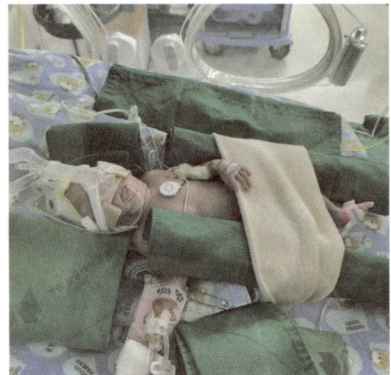
양압기

그래도 그날 나연이는 다시 기도삽관을 해서 상심한 엄마를 위로하려는 듯 면회하는 30분 내내 눈을 뜬 모습을 보여주었다. 하루에 단 30분밖에 만날 수 없어서 이렇게 내내 눈을 뜨고 놀아주는 날은 엄마아빠가 정말 행복했다. 간호사 선생님이 "쪽쪽이 빠는 거 보여줄까요? 진짜 잘하는데! 재롱 타임~"하시며 쪽쪽이를 가져와 물려주셨다. 나연이는 정말 잘했다. 혼자 숨쉬기에는 아직 모자라지만 작은 몸에 비해서는 힘이 좋아 보였다. 난리라는 말을 워낙 많이 들어서 이 간호사 선생님께 여기 아기 중에 많이 그렇냐고 여쭤봤더니 "쪼끔 유별나요……."라고 하셨다. 아주 브레이크 댄스를 춘댔다.

인큐베이터 안에서도 독보적인 활동성이라니 역시 내 딸이 확실하구나!

1kg이 되다

"아빠 생일 선물"

3월 25일이 되었다. 아기가 드디어 한 달을 살았다. 1개월령 아기가 된 것이 정말 기뻤다. 아기는 아직 병원에 있어 함께 할 수 없지만 남편과 둘이 점심으로 코스요리를 먹으며 기념했다. 면회하러 갔더니 토요일이지만 나연이가 태어났을 때 처음 처치를 해주셨던 K 교수님이 계셨다. 교수님께서 "의료진으로서 아기를 볼 때 제가 처음 예상했던 것보다 아기가 잘해주고 있어요."라고 말씀하셨다. 기특하고 대견한 우리 아기.

시간은 계속 흘러갔다. 하루하루가 지나며 아기는 아주 조금씩 자랐다. 체중은 늘었다 줄기를 반복하며 천천히 늘었다. 장 기능도 서서히 좋아졌다. 3월 말쯤에는 관장을 더 이상 하지 않고 튜브로 자극을 주어도 되는 정도가 되었다. 아기는 경관으로 수유 중이었지만 그마저도 다 소화하지 못했다. 필요한 영양소는 정맥주사를 통해 보충해 주고 있었다. 하루는 왼손에 있던 정맥주사를 오른손으로 옮겼는데 교수님이 "다행히 아직 멀쩡한 혈관이 있대." 하셨다.

다행인 걸까. 너의 가느다란 팔에 더 이상 바늘을 꽂지 않아도 된다면 얼마나 좋을까.

인공호흡기를 최소한으로 쓰며 스스로 숨을 쉬게 하려다 보니 숨이 차서 보채고, 보채면 숨이 더 차는 악순환이 반복되었다. 결국 아기는 재우는 약을 써서 계속 재워두게 되었다. 이른 주수에 태어나다 보니 바깥 환경에 적응하는 데 시간이 걸리지만 이 주수의 아기로서는 잘 해내고 있는 거라고 했다.

3월 29일, 25주 3일 차에 태어난 배나연은 재태주수 30주가 되었다. 주수와 체중이 늘어나는 것은 아기가 자라는 것이니 당연히 좋은 것이었다. 하지만 그것이 곧장 아기의 좋은 상태로 연결되지는 않았다. 나연이는 30주와 함께 두 번째 패혈증을 맞이했다. 아기가 창백해지며 심박수가 오르고 혈당이 올라서 확인해 보니 균 감염이 있었다고 했다. 폐인지 복부인지 알 수 없지만 이 정도의 아기는 면역력이 약하기 때문에 균이 순식간에 퍼진다. 교수님은 "복부가 아니어야 할 텐데……."하셨다. 항생제를 투여하기 위해 아기에게 또 하나의 바늘을 꽂았다. 염증 수치는 50 정도였다가 항생제를 사용하면서 90이 되었다. 균이 깨지면서 퍼지면 그게 또 염증이 되기 때문에 항생제 사용 후에 염증 수치가 오를 수 있다고 했다.

패혈증으로 몸이 부으면서 아기는 처음으로 1kg을 넘겨 1,011g이 되었다. 1kg이 넘는 날을 그토록 기다렸는데 기뻐할 수 없었다. 균 감염은 전에도 있었다. 그때처럼 의료진이 잘해줄 것이다. 퇴원하려면 아직 한참이니 일일이 속상해할 수 없다는 것을 알지만 마음처럼 되지 않았다.

재우는 약을 계속 쓰고 있었는데 면회 중간에 나연이가 눈을 떴다. 저러다 또 숨이 차서 힘들어할까 봐 걱정되어 "엄마는 괜찮으니 자."라고 말했는데 여러 번 말해도 잠들지 않았다. 면회 시간이 끝나 나가야 하는데도 계속 눈을 뜨고 내 쪽을 바라봤다. 이 시기 아기의 시력으로는 엄마가 안 보이고 눈을 뜨고 있더라도 빛 감지 정도라는 것을 알고 있었다. 그렇지만 눈을 동그랗게 뜨고 엄마를 바라보고 있는 것만 같은 아기를 두고 나가려니, 애가 날 보고 있는데 등을 돌리는 것 같아서 가슴이 찢어지는 것 같았다. 오랜만에 신생아중환자실을 나서며 울었다.

나연이는 다행히 항생제가 잘 들었다. 항생제를 쓴 다음 날 바로 혈압, 혈색, 혈당, 심박수가 모두 좋아졌다. 전에 패혈증에 걸렸을 때는 입에 피가 날 정도였는데 잘 이겨내 주어서 고마웠다. 부기가 빠지며 936g이 되었지만, 먹는 양은 10cc로 늘어났다. 하루에 8번 먹으니 총 80cc를 먹는 셈이다. 교수님은 1kg대 아기들이 하루에 120cc 정도 먹기 때문에 조금만 더 늘리면 아기가 자기 먹을 양을 다 먹는 거라고 하셨다.

3월 말일이 되자 '이제 많은 조치가 필요한 상태가 아닌 아기'가 되어 '말아 주기' 치료가 시작되었다. 보통 아기들은 엄마 뱃속에서 자라나며 자궁 공간이 좁아져 몸을 웅크리는 '생리적 굴곡 자세'를 취하게 된다. 별로 중요하지 않은 것 같은 이 웅크린 자세는 사실 아기의 복부 힘을 기르는 중요한 역할을 한다. 배의 힘이 부족하면 팔다리에 힘을 많이 주게 된다. 37주 이전에 태어난 이른둥이들은 충분한 생리적 굴곡 경험이 없이 태어난다. 이에 따라 배의 힘이 아니라 목과 사지에 힘을 주어 움직이는 '뻗침' 현상이 발생한다. 뻗침은 추후 아기의 발달에도 영향을 미친다. 그저 '엄마 뱃속이 좁아서 웅크렸을 뿐'이 아닌 것이다. 그 별거 아닌 경험 하나가 아이의 발달에 영향을 미친다. 이른둥이는 그 경험이 부족해서 엄마 뱃속처럼 웅크릴 수 있도록 말아 주는 치료를 통해 별도로 만들어주어야 했다. 나연이 주변을 동그랗게 둘러서 다리를 접고 있도록 도와주기 시작했다. 엄마 뱃속에 비해서 정말이지 너무 느리고 이런저런 위험도 많지만 그래도 아기는 조금씩, 열심히 자랐다.

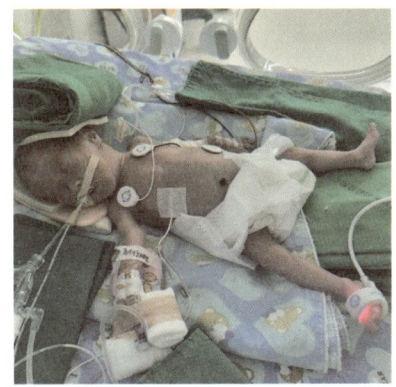 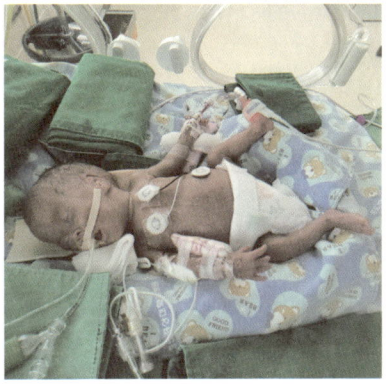

(좌) 생리적 굴곡 경험이 적어 팔다리를 쭉 뻗고 있다. (우) 말아주기 치료를 위해 아기 주변을 U자형으로 둘러 굴곡을 돕는다.

아빠의 생일인 4월 1일, 나연이는 1,044g이 되었다. 수술이나 패혈증으로 부은 것이 아니라 쑥쑥 자라나서 스스로 1kg을 넘긴 것이다. 출장을 가 있던 배나연 아빠는 그 소식을 듣고 눈물이 찔끔 났다고 했다. 우리 아기가 병원에 있으면서도 아빠 생일 선물을 제대로 해주었다. 아빠를 얼마나 기쁘게 해주고 싶었던 건지 그날은 좋은 소식이 가득했다. 모유 수유량이 12cc가 되면서 거의 자기 양을 다 먹고 있는 것이라 정맥주사를 떼도 유지할 수 있을 거라고 했다. 좀 더 먹어서 모유 수유만으로도 체중이 늘 수 있는 정도가 되면 드디어 아이의 팔에서 바늘 하나를 떼버릴 수 있다. 수액 바늘을 여러 번 바꾸고, 채혈하고, 계속 찌르면서 '아기의 약한 혈관이 망가지진 않을지, 혹시 주사를 맞아야 하는데 혈관을 못 잡지는 않을지 내심 걱정이 많았는데 곧 뗄 수 있을 거라 생각하

셋 산 넘어 산

니 정말 감사했다. 아기는 눈도 곧잘 뜨고 배변 활동도 잘했다. 심지어 호흡도 많이 좋아졌다. 전날까지만 해도 기도삽관으로 인해 낀 가래를 제거하기 위해 석션을 하면 산소포화도가 떨어지곤 했다. 그런데 이제는 석션할 때도 떨어지지 않고 버텼다. 산소 농도는 전날까지 40을 썼는데 26으로 내려도 잘 버텼다. 공기 중 산소 농도가 21이니 제법 가까워진 것이다. 심박수도 170대였는데 160대로 내렸다. 교수님이 '아이가 편해졌다는 뜻'이라고 말씀하셨다. 패혈증도 항생제가 잘 들었고, 염증 수치도 30 정도로 내렸다.

출장에서 돌아온 남편과 함께 밤늦게 치킨을 시켜 먹으며 남편 생일과 그날의 좋은 소식들을 축하했다. 오래간만에 기쁜 날이었다.

캥거루케어, 드디어 너를 내 품에

"우리 사이의 벽이 처음으로 사라졌다"

나연이는 하루가 다르게 좋아졌다. 1kg을 넘기는 것이 그렇게나 힘들었는데 한번 넘기고 나니 그 후로는 살이 찌는 게 눈에 보일 정도였다. 주말마다 면회하는 아빠는 나연이를 만날 때마다 너무 많이 큰 모습에 놀랐다. 체중이 느는 만큼 힘이 생기고, 그에 따라 수유량이 늘어나고 폐 기능도 좋아지면서 정맥주사와 인공호흡기도 제거하게 되었다.

두 번째 인공호흡기 제거는 성공적이었다. 첫 번째 시도 때는 몇 시간도 못 버티고 다시 삽관했는데 그 사이 아기가 많이 성장했음이 실감 났다. 인공적으로 폐를 펼쳐줄 때보다는 폐 상태가 안 좋아지고 숨 쉬는 것도 힘들어했지만 나연이는 열심히 적응하고 있었다.

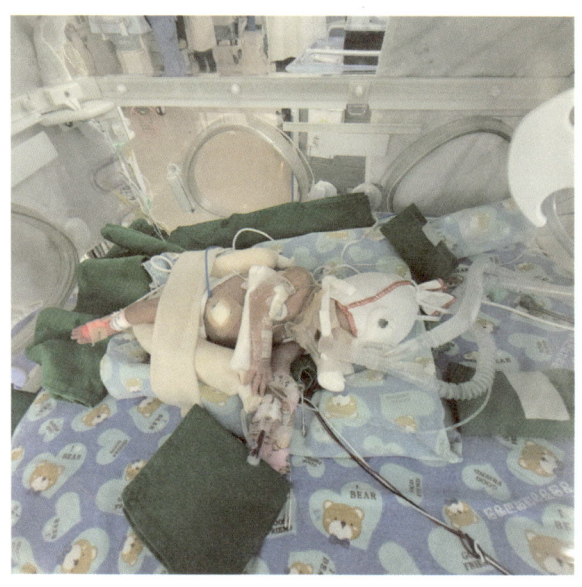

"닭……?"

빨간 양압기용 모자를 보고 나연이 큰이모가 말했다. 그러고 보니 진짜 닭 같았다. 한동안 나연이 별명이 꼬꼬가 됐다. 우리 꼬꼬는 교수님 말씀으로 "훌륭한 수준"이라고 했다. 불편하거나 아파도 처져서 티를 안 내면 상태가 안 좋은 건데 우리 나연이는 똥을 누거나 자기가 불편하면 열심히 운다고 하셨다. 운다는 말에 남편이 "기도삽관을 제거했는데 언제쯤 소리 내서 우냐"고 물어봤더니 간호사 선생님이 "지금도 소리 나요!" 하셨댔다. 남편은 그 말을 듣고 면회 시간 내내 나연이가 울기를 기다리다가 울 때 재빨리 인큐베이터에 귀를 대고는 나연이의 미세한 울음소리를 듣는 데 성공했다.

꼬꼬는 양압기에 적응하려고 애썼다. 폐가 안 좋을 때는 피가 많은 편이 유리해서 수혈을 고려했는데 혈관 잡다가 아기가 힘들어할까 봐 보류되었다. 덕분에 주사가 없어서 팔다리가 자유로운 배꼬꼬는 신나게 움직이다가 산소포화도가 떨어지기를 반복했다.

"아기가 퍼레지고 허예지고 난리였어요."

교수님 말씀에 속상하고 안타까웠지만 겪어내야 할 과정이었다. 인공호흡기가 당장은 아기를 편하게 해줄지 몰라도 결국 아기는 스스로 숨쉴 줄 알아야 한다. 양압기를 떼고 몸무게가 1.3kg이 넘으면 캥거루케어(부모가 기저귀만 찬 아이를 맨 가슴에 안고 서로 피부를 맞대고 안고 있는 것. 현재 미숙아 치료를 보완하는 방법으로 쓰이고 있다)를 할 수 있다고 했다. 얼른 아기를 안아보고 싶었다. 인큐베이터 밖에서 열심히 응원을 보냈다.

배나연이 50일이 되자 신생아중환자실에는 이제 나연이보다 먼저 태어난 아기가 없어졌다. 우리 꼬꼬가 G대 NICU의 최고참이 되었다. 간호사 선생님 한 분이 나연이가 많이 컸다며 아기 수첩을 가져오셔서 발도장을 보여주시고는 나연이 발을 발도장에 대어보셨다. 여전히 작은 발이지만 발도장보다 커진 것이 보였다. 아이의 성장을 눈으로 보니 너무나 대견하고 감동적이었다. 못 받을 줄만 알았던 발도장을 실제로 처음 본 것도 마음이 찡했다.

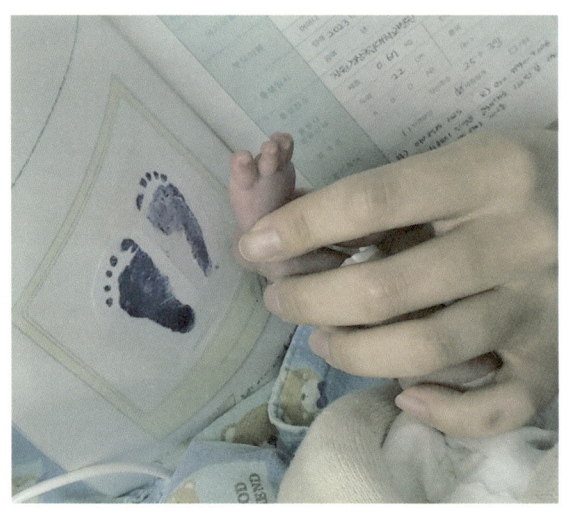

간호사 선생님이 가시고 나 혼자 아기를 보고 있는데 나연이가 버둥거리다가 양압기가 움직여서 코가 조금 드러났다. '간호사 선생님을 불러야 하나?' 생각했는데 소심한 엄마는 망설여졌다. 어쩐지 나연이 산소포화도도 90 밑으로 떨어지지 않고 안정적이어서 의료진을 부르는 것이 맞는지 긴가민가했다. 한 1~2분을 눈치 보다가 지나가는 간호사 선생님께 코가 드러났는데 괜찮냐고 여쭤보니 안 괜찮다 하시며 바로 오셨다. 이렇게 있은 지 1~2분이 되었다고 했더니 "나연이 잘하네! 2주 안에 양압기 떼겠다!" 하셨다.

조금 뒤, K 교수님(일요일 담당 교수)도 회진을 오셔서 첫마디에 "나연이 잘하던데?" 하셨다. 간호사 선생님 말씀도 있고 해서 언제 양압기 다음 단계로 갈 수 있을지 여쭤봤더니 굉장히 당황하셨다. "조금 더 걸릴 것 같아요. 저는 산소로 넘어온 것도 대단하다고 생각했는데……." 그냥 시기가 궁금해서 여쭤봤던 건데 나도 민망해졌다. 기대한 것은 맞지만 과한 기대를 한 것으로 보일 거 같아서 부끄러웠다.

그런데 나흘 뒤(4.20.), 남편이 면회하고 나와서는 설명은 안 해주고 자꾸 사진을 보낼 테니 보라고 했다. '혹시? 설마?' 했더니 진짜 우리 아기가 양압기를 떼고 있었다. 사진을 보고 탄성이 나왔다. 너무 예쁘고 사랑스러운 내 아기의 얼굴…….

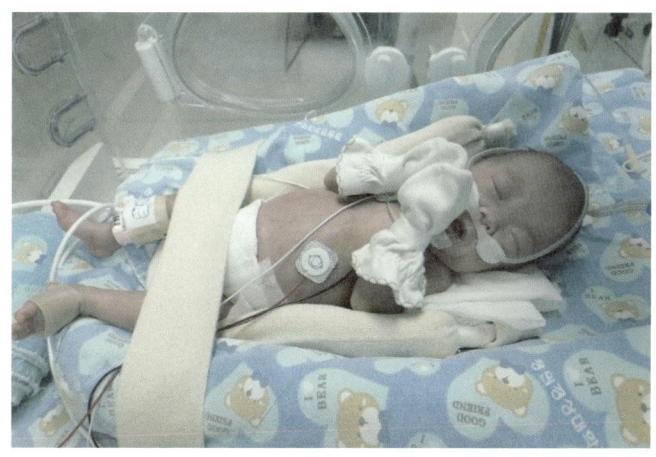

양압기를 하고 있는 동안 교수님과 간호사 선생님들은 양압기 하면 얼굴이 많이 눌려서 뗐을 때 부모님들이 많이 놀라는데, 나중에 다 돌아온다고 몇 번이나 말씀하셨다. 그것도 웃기고 귀여울 것 같아서 엄마는 '과연 얼마나 찌그러져 있을까?' 기대했는데 웬걸. 예쁘기만 했다. 남편은 새하얀 손싸개를 하고 있는 아기가 천사 같다며 '아기천사'라고 좋아했다.

그리고 다음 날.
"나연이는 상태가 좋아서 내일부터 캥거루케어 할 수 있어요. 1시까지 오세요."

남편에게 그 말을 전해 듣고 아기를 안는 것을 상상했더니 눈물이 고였다. 아기가 뱃속에서 엄마 심장 소리를 듣고 자라기 때문에 첫 캥거루케어는 엄마가 하는 게 좋다고 했다. 덕분에 경쟁 없이 남편보다 먼저 아기를 안아보게 되었다. 양보해 준 남편에게 고마웠다.

2023년 4월 22일 토요일, 나연이가 태어난 지 딱 8주가 되는 날이었다. 한 번도 직접 만져보지 못하고 인큐베이터만 어루만지며 보내온 시간이었다. 아기와 나 사이에 늘 존재했던 벽이 처음으로 사라졌다. 인큐베이터 밖으로 나온 아기는 그동안 본 것보다 훨씬 작게 느껴졌다. 인큐베이터가 돋보기 효과라도 있나 싶었다.

나연아, 널 안고 있으니 너무 따뜻하고 행복했어. 네가 엄마 품 속에서 자꾸만 눈을 뜨고 위를 쳐다봤단다. 엄마 목소리가 들렸니? 너도 엄마의 온기를 느꼈을까?

너와 다시 닿을 수 있어서 정말 다행이야. 사랑해, 우리 딸.

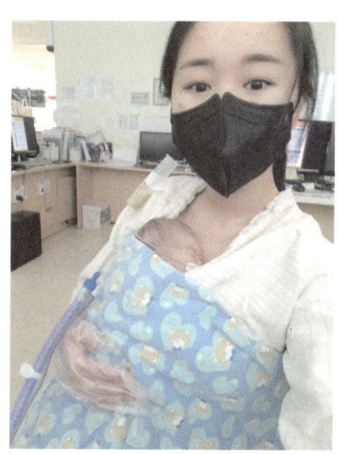 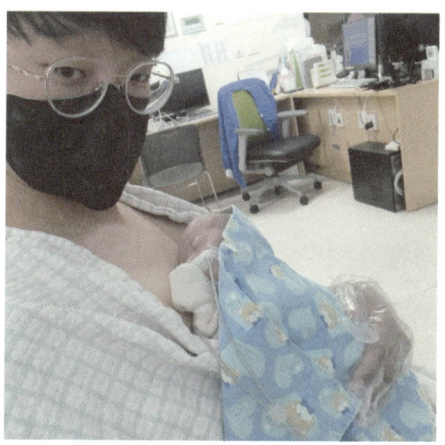

덧. 남편은 그다음 날 캥거루케어를 했지만 못 움직이겠다며 사진을 못 남겨 왔다. 아기를 안고 꼼짝하지 않고 있었을 남편을 상상하니 웃겼다.

덧2. 그동안 주말에 내가 아기를 보고 싶어 하면 남편은 면회를 양보해 주었다. 캥거루케어를 할 수 있게 된 뒤로는 면회를 양보해 주지 않았다. 가끔 면회에 늦었을 때 남편이 늘 느긋하게 걸어가기에 '아기를 덜 보아도 좋나?' 싶어 나는 내심 서운하기까지 했다. 캥거루케어를 시작한 뒤의 남편은 면회에 지각하면 엘리베이터가 오는 것도 기다리지 못하고는 "나연아, 아빠가 간다." 하며 멈춘 에스컬레이터(주말이라 운행하지 않음) 위를 성큼성큼 뛰어갔다.

셋 산 넘어 산

피하지 못한 미숙아망막병증

"1,700g에 두 번째 수술"

아기의 망막혈관은 엄마 뱃속에서 4개월경에 발생하기 시작해서 10개월, 즉 출생쯤에 완성된다. 당연히 이른둥이는 눈이 제대로 성장하지 못한 상태로 태어난다. 특히 망막혈관이 덜 성숙한 상태에서 태어난 후, 엄마 뱃속과 다른 환경에 처하면서 망막에 비정상적인 섬유 및 혈관의 증식이 일어나게 된다. 미숙아망막병증이란 이러한 비정상적 혈관증식으로 인해 망막이 끌어 당겨지면서 최종적으로는 망막박리가 일어나 실명에 이르게 되는 질병이다.

나연이는 4월 10일에 첫 번째 미숙아망막병증 검사를 했다. 결과는 통과였다. 교수님은 '이번에 없다고 다음에도 없는 것이 아니며 보통 36~38주에 제일 심하다.'라고 하셨다. 하지만 첫 번째 검사를 통과하니 왠지 앞으로도 괜찮을 것만 같았다.

4월 중순을 조금 넘겨 양압기를 떼고 하이플로우(High-flow, 고유량 산소 치료, 일반적으로 인큐베이터에 들어간 아기들이 가장 많이 하고 있는 콧줄)를 달고나니 아기는 이제 자라기만 하면 될 것 같았다. 체중도 1.5kg에 가까워졌고 재태주수도 거의 34주가 다 되어갔다. 4월 24일에는 두 번째 미숙아망막병증 검사도 통과했다. 아기의 심장도, 폐도, 장 기능도 제법 안정되었으니 이대로면 예정일(6.7.)까지 가지 않고 5월 말 즈음엔 퇴원할 수 있지 않을까 기대했다. 아기의 다양한 표정들을 보고, 목소리를 듣고, 딸꾹질하는 것을 보는 등 뒤늦게 아기와 추억을 쌓아가며 행복한 시간을 보냈다.

4월 26일, 3차 검사에서 미숙아망막병증이 살짝 있다는 결과가 나왔다. 교수님은 있다고 해도 치료 방법이 다 있어서 괜찮다고 하셨다. 괜찮다는 말씀에 마음을 놓았다. 체중이 잘 늘고 산소 농도를 내리며 호흡도 잘해가는 아기가 기특하기만 했다. 하지만 이틀이 지나자, 미숙아망막병증이 진행하여 좀 더 자주 검사를 통해 지켜봐야 할 수준이 되었다. 당장 수술이 필요한 상태는 아니지만 보통 38주까지 악화하기 때문에 주 2회라도 안과 교수님과 계속 확인할 예정이라셨다. 또 수술할 수도 있다고 생각하니 너무 막막하고 아기한테 미안한 마음이 들었다.

면회를 마치고 집에 있는데 신생아중환자실에서 전화가 왔다.
"나연이 오후에 눈 검사했는데 안과 교수님이 급히 부모님이랑 면담 했으면 하시거든요. 그런데 오늘 수술이 있으셔서 혹시 밤 10시 반에서

11시 사이에 병원에 방문해 주실 수 있을까요?"

이렇게 긴급하게 면담해야 하는 이유가 뭐냐고 여쭤보니 간호사 선생님은 정확한 검사 결과는 모르신다고 했다. 남편한테 전화해서 알렸더니 남편이 울었다. 온갖 생각을 다 하고 있는데 병원에서 전화가 다시 왔다. 이번엔 간호사 선생님이 아니라 주치의 교수님이셨다.

"그렇게 밤에 올 일까지는 아니고 이번 주에 휴일이 많아서 당장 수술이 필요한 순간에 늦어질 수가 있어요. 그래서 내일 수술을 해야 할 것 같애. 내일 수술 설명 듣고 동의서 쓸 수 있도록 12시까지 오셔요."

엄마아빠가 밤까지 걱정하고 있을까 봐 바로 다시 전화해 주신 것 같아 많이 감사했다. 남편에게 다시 전화했더니 안심하며 "나는 실명까지 생각했다."라고 말했다. 사실 나도 그랬다. 수술로 치료하는 것이라면 다행이었다.

다음 날, 마음을 졸이며 12시에 병원에 갔더니 대기가 있었다. 나연이 수술은 3시 반으로 밀렸다. 안과에서 수술해 주실 교수님을 만나 설명을 들었다. 동맥관 개존증 수술 때도 그랬지만 이런 질병이 있고 흔하다고만 생각했지, 부작용과 예후에 대해서는 생각해보지 않았던 터라 이번에도 수술 설명을 들으며 너무 참담한 마음이 들었다.

미숙아망막병증 수술은 망막박리를 막기 위해 하는 것이다. 혈관이 비정상적으로 증식된 부분을 레이저로 지지기 때문에 그 부분은 더 이상 신경이 안 자라서 대체로 시력 예후가 안 좋다고 했다. 어릴 때 안경을 써야 할 수 있고, 신경이 아예 자라지 않은 것이기 때문에 라식·라섹과 같은 시력 교정술도 불가능하다고 하셨다. 검색해 보니 고도 근시, 원시, 사시, 저시력 등 많은 문제가 나왔다. 아니라고 몇 번을 스스로 다독여도 이런 문제를 만나면 어김없이 나를 탓하게 되었다. 나는 왜 아이를 더 건강하게 낳아줄 수 없었을까.

 심장 수술보다야 훨씬 덜 위험한 수술이었다. 예후 역시 더한 상황을 걱정했던 때가 있었다. 그 모든 과정을 잘 넘어서 겨우, 고작 안경이 왜 그리 속상한지…….

 면회를 들어가니 나연이는 오랜만에 왼쪽 손등에 수액주사가 달린 상태였다. 전신마취 수술을 위해 금식 중이기 때문이었다. 겨우 두 손이 자유롭고 편해졌던 아기인데 다시 바늘을 꽂았다는 사실이 너무 착잡했다. 수술할 때는 기도삽관도 다시 해야 했다. 캥거루케어를 하며 아기를 안고 울면서 기도했다. 그러면서도 아무것도 모르는 아가에게 엄마의 불안한 마음이 전해질까 걱정이 됐다.

 심장 수술을 할 때는 나연이가 770g의 작은 아기라 수술실로 이동하지 못하고 신생아중환자실 내에서 수술했었는데 이번에는 수술실로 이동하게 되었다. 수술실로 이동하는 나연이 인큐베이터를 따라가는데 지금까지 본 모습 중에 제일 예쁘고 사랑스러웠다. 처음으로 신생아중환자실 밖으로 나온 것이 신나기라도 했는지 그동안 봐왔던 것처럼 어쩌다 눈을 깜빡 뜨는 게 아니라 눈을 말똥말똥 뜨고 팔을 휘저으며 놀고 있었다. 그 모습이 너무 예뻐서 순간적으로 아이를 키우는 것이 정말 행복하겠다고 생각했다. 그리고 그 즉시, 저 예쁜 눈에 주사를 놓고 레이저를 쏜다는 사실이 너무 슬퍼졌다.

이동식 인큐베이터에 실려 수술실로 이동 중인 모습

아기를 수술실로 들여보내고 나서 혼자 기다리며 생각했다. 사실 나도 어린이집에 다니던 6살 무렵부터 초등학교 중학년까지 안경을 꼈다. 이런 수술 때문이 아니어도 태어났을 때부터 눈이 안 좋은 아이들은 생각보다 많다. 오히려 우리 나연이는 자주 시력검사를 하면서 문제가 생기면 빨리 발견하여 필요한 조치를 할 수 있을 것이다. 못 걸을 수도 있었고, 장을 잘라낼 수도 있었고, 폐가 제 기능을 못 할 수도 있었는데 그 모든 질병을 지나서 고작 안경이다. 물놀이하는 건 불편할 거 확정이라 마음 아프지만, 안경 조금 쓰다가 아이가 외모에 신경 쓸 나이가 되면 빨리 렌즈를 맞춰 줘야지. 눈이 더 나빠지지 않도록 관리도 최대한 잘 해줘야지.

수술은 1시간 정도 걸렸다. 신생아중환자실로 돌아가고 있으니 주치의 교수님이 마중을 나오셨다.

"야는 범위가 넓지 않았나 보네. 안에 정리되면 보게 해드릴게요."

다행이었다. 레이저로 지지지 않은 부분이라도 혈관이 잘 자라주길 기대하게 되었다.

남편은 퇴근하고 바로 달려왔다. 타이밍이 딱 맞아서 남편이 도착하고 곧 아기를 보러 들어갔다. 사랑하는 우리 딸 눈에 빨간 선 같은 멍 자국이 생겨 있고 눈이 벌겋게 부어있었다. 다시 기도삽관을 하고 미동 없이 마취된 채 자는 아기를 보니 아까의 예쁜 모습이 생각나서 너무 미안하고 죄스러웠다. 그만큼 회복됐던 아이를 다시 이렇게 돌려놓았다는 생각이 자꾸만 들었다.

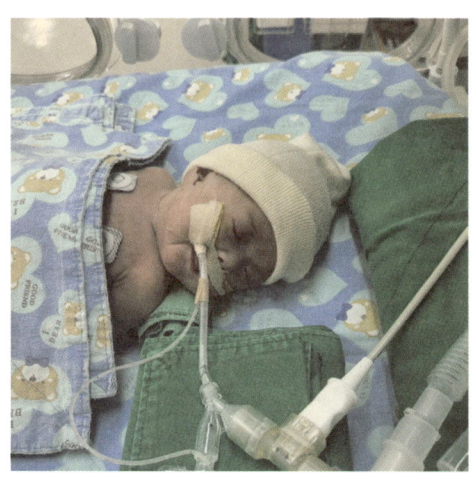

나연이는 35주에 미숙아망막병증 수술을 했다. 미숙아망막병증은 36~38주에 가장 심하기 때문에 계속 검사를 하며 지켜봐야 했다. 수술하신 교수님은 재수술도 고려하신다고 하셨다. 다행히 나연이는 이후에 더 이상 나쁜 신경이 자라지 않았다. 퇴원 후 첫 번째 외래에서 미숙아망막병증은 완전히 졸업했다.

이번 산도 겨우겨우 넘었다.

 *미숙아망막병증에 대한 더욱 자세한 내용은 질병관리청 국가건강정보포털에서 확인할 수 있습니다.
▶ 질병관리청 국가건강정보포털 [미숙아망막병증]

네가 넘어온 수많은 산들

"이른둥이 숙제 모음.zip"

나연이는 각종 합병증을 많이도 겪었다. 태변이 배출되지 못하는 태변 마개 증후군과 몸속 전해질의 불균형이 일어나는 산증(너의 싸움이 시작됐다(5) 맨 얼굴을 처음 보았다), 동맥관이 닫히지 않는 동맥관 개존증(산 넘어 산(1) 700g에 심장 수술), 망막혈관이 비정상적으로 증식되는 미숙아망막병증(산 넘어 산(5) 피하지 못한 미숙아망막병증) 외에도 뇌출혈, 패혈증, 서맥, 갑상샘 저하증(갑상선기능저하증), 사두증, 기관지폐이형성증 등 다양하기도 했다.

뇌실 내 출혈

태어났을 때 나연이에게는 1기 뇌출혈이 있다고 했다. 뇌실 내 출혈이란 뇌척수액이 차 있는 뇌실에 출혈이 생기는 것으로 출생체중 1,500g 미만의 미숙아에게서 흔하게 발생한다. 주치의 교수님은 미숙아에게는 총 5단계의 뇌출혈이 있고 이 중 1~3단계까지는 괜찮다고 말씀하셨다. 신생아 시기에는 대천문이 열려 있기 때문에 초음파를 통해 뇌출혈 범위를 확인할 수 있다. 나연이는 초반에 매일 머리 초음파를 보며 확인하다가 생후 20일쯤부터는 10일에 한 번씩 확인했다. 나중에 대천문이 닫히면 더 이상 초음파로 관찰할 수 없고 CT나 MRI로만 가능하다. G대병원에서는 아기가 어리기 때문에 CT나 MRI를 바로 찍지는 않고 아이의 발달을 관찰하다가 문제가 있어 보이면 찍는다고 했다. 뇌출혈은 34주까지 커지는데 다행히 나연이의 뇌출혈은 계속 커지지 않고 있어서 초음파로 볼 수 있는 시기에 "더 안 커질 것 같아서 안심하셔도 될 거 같아요."라는 말을 들었다.

패혈증

패혈증은 미생물에 감염되어 발열, 빠른 맥박, 호흡수 증가, 백혈구 수의 증가 또는 감소 등 전신에 염증 반응이 나타나는 것을 말한다. 발병 후 적절한 치료가 주어지지 않는 경우 짧은 시간 내에 사망할 수 있는 이 무서운 병을 나연이는 3월 4일, 3월 29일, 5월 19일 총 3번이나 걸렸다. 마지막 세 번째에는 균 감염이 있다는 의료진 말씀에 크게 놀라지 않고 한숨만 한 번 쉬고 넘겼다. 의료진이 잘 대처해줄 것과 나연이가 잘 이겨내 줄 것을 알았기 때문에 큰 걱정은 하지 않았다. 실제로 나연이는 다른 합병증들은 며칠, 몇 주씩 지켜봐야 했던 것에 반해 패혈증

만큼은 정말 금방금방 나왔다. 균주가 무엇인지 모르는 상태에서도 항생제를 투여하면 어김없이 염증 수치가 내려갔다. 한 번 균에 감염되면 10~14일 정도 항생제 치료를 했다. 잘 이겨내 준 아이가 그저 고마울 따름이다.

서맥

심장이 빠르게 뛰면 빈맥, 느리게 뛰면 서맥이라고 하며 속도가 일정하지 않으면 부정맥이라고 한다. 3번째 균 감염(패혈증)이 생겼던 5월 19일, 이상하게도 나연이는 심박수가 평소보다 느려졌다. 평소 심박수가 160~170대였는데 갑자기 110대로 떨어진 것이다. 아이가 성장하면서 심박수가 점점 느려지는 것은 맞지만 이 경우에는 갑자기 느려졌기 때문에 문제가 됐다. 심장초음파를 찍어봤지만, 특별한 이상은 발견되지 않았다. 며칠 지켜봤더니 다행히 회복되었다. 23일에는 엄마가 면회를 들어갔더니 심박수가 230대를 찍고 있었다. '애가 진짜 부정맥인가?' 싶어서 깜짝 놀랐는데, 배가 고파서 엄청나게 울고 있는 거였다. 아기의 호흡이 안정되면서 서맥은 자연스럽게 사라졌다.

갑상샘 저하증(갑상선기능저하증)

갑상선암 등으로 우리에게 익숙한 갑상선은 갑상샘으로 명칭이 변경되었다. 갑상샘은 목 앞쪽에 있는 내분비샘으로 갑상샘호르몬을 분비하여 대사율을 조절한다. 갑상샘 저하증은 이 갑상샘호르몬이 부족해서 생기는 질환이다. 갑상샘호르몬은 태어나서 2년 사이에 많이 발달하는 중추 신경과 골격계 성장에 중요한 역할을 한다. 따라서 이 시기에 갑상샘호르몬이 모자라면 발육 부전이나 지능 발달 장애가 생길 수 있다. 미숙아는 만삭아와 비교하면 갑상샘호르몬 수치가 더 낮고 갑상샘 기능 이상 빈도가 더 높다고 한다. 나연이는 이것도 당첨되었다. 갑상샘 저하증으로 확진된 4월 9일 이후로 지금까지 매일 아침에 '신지로이드'라는 약을 먹고 있다. 매일 아침 같은 시간, 공복에 먹어야 하는 약이다. 다행히 1~3년 정도 약을 잘 먹으면 발달상의 문제가 없고 부작용도 없다고 한다. 아기 때는 모유와 분유에 타서 먹이다가 요즘은 번거로워서 가루 그대로 먹인다. 배나연도 익숙해져서 가루를 입에 냅다 털어 넣어도 잘 먹는다.

사두증

아기는 두개골이 부드러운 상태로 태어난다. 성장하면서 모양이 쉽게 변하기 때문에 아기의 두상은 원래 엄마가 두상 베개를 쓰고 이리저리 굴려 가며 만든다. 하지만 이른둥이 아기들은 엄마 뱃속에 있어야 할 시기부터 신생아중환자실 침대에 누워 있게 된다. 이 때문에 뒤통수 전체가 납작한 형태의 단두증이나 한쪽만 납작하거나 평평한 형태의 사두증이 발생하는 경우가 있다. 나연이는 어느 날부터 늘 왼쪽을 보고 누워 있었는데, 결국 퇴원할 때쯤 심한 사두증이 생겨 있었다. 교수님은 비대칭적인 머리는 발달 지연으로 이어질 수 있기 때문에 자연스럽게 개선되지 않으면 헬멧을 써야 한다고 하셨다. 헬멧을 쓰면 교정이 된다고 해서 안일하게 '헬멧 쓰면 되지!' 생각했는데 알고 보니 헬멧이 수백만 원대였다. 무슨 수를 써서라도 자연적으로 동그랗게 만들어내야 했다. 퇴원하고 집으로 온 후 엄마의 고군분투가 시작되었다. 아기가 왼쪽으로 고개를 돌릴 수 없게 늘 벽을 세워 두었다. 초점책도 항상 오른쪽에 두었다. 그래도 나연이는 어떻게든 왼쪽으로 고개를 돌렸다. 결국 옆 잠베개를 사용해서 늘 오른쪽을 바라보도록 눕혔더니 차츰 두상이 개선되었다. 요즘은 아기의 두상이 예쁘다는 말을 종종 듣는다.

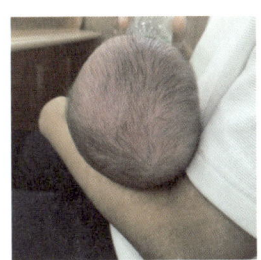
8월 8일 두상 사진

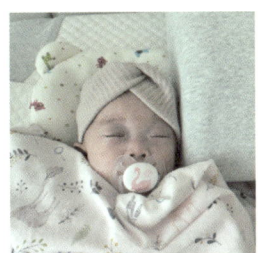
엄마의 고군분투

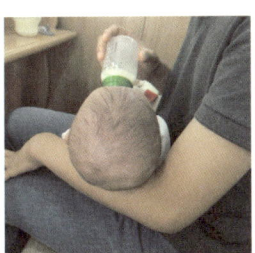
9월 10일 두상 사진

신생아호흡곤란증후군

신생아호흡곤란증후군은 출생 직후 폐가 제대로 펴지지 못하고 계속 쪼그라들어 호흡부전이 생기는 병이다. 대체로 34주 이후에 태어나면 자가호흡이 가능하다고 한다. 고위험 산모로 입원하던 당시, 시기를 확정할 수는 없지만 우리 아이는 그보다 이른 시기에 조산할 가능성이 컸기 때문에 바로 폐성숙 주사를 맞았다. 그래도 나연이 폐는 잘 팽창하지 못했다. 폐를 떨어서 인공적으로 펼쳐주는 인공호흡기를 한 달 동안이나 사용해야 했다.

기관지폐이형성증(만성 폐질환)

아기의 폐는 약하기 때문에 인공호흡기를 사용하다 보면 찢어지고 흉이 지게 된다. 아직 발달이 덜 된 미숙한 폐가 손상되어, 생후 28일 또는 재태주수 36주가 지나도 산소 공급이 필요한 상태를 기관지폐이형성증이라고 한다. 나연이가 산소 공급을 아예 뗀 것은 생후 136일이자 재태주수 44주 차에 해당하는 7월 10일이었다.

지금도 정기적으로 대학병원 소아청소년과 외래를 다니며 아기의 성장 발달을 확인한다. 몇 개월에 한 번씩은 피를 뽑아 갑상샘호르몬 수치 검사도 해야 한다. 엄마는 매번 검사 때마다 기대하지만 '더 이상 약을 먹지 않아도 된다.'라는 말은 아직 듣지 못했다.

겨울이면 소아들 사이에서 유행하는 RSV(Respiratory Syncytial Virus, 호흡기 융합 세포 바이러스)라는 바이러스가 있다. 기관지폐이형성증이 있는 아이들은 이 바이러스에 취약하여서 24개월까지 시나지스라는 주사를 맞는다. 교수님은 아이들의 폐가 3살까지 자란다고 하셨다. 아직 2살의 나연이는 날씨가 추워지면 어김없이 심한 호흡기 질환이 걸려서 네블라이저를 해주어야 한다.

  어떤 산은 완전히 넘었고 어떤 산은 아직도 열심히 넘어가는 중이다. 성인도 다 견뎌내기 힘들 이 수많은 산들을 아이는 그 작은 몸으로 하나하나 넘고, 또 넘어가고 있다.

집으로 가는 길

"

이제 애기한테 우리가 필요한 게 아니라
엄마아빠가 필요해요

"

멀고 먼 자가호흡의 산

"숨쉬기 운동도 운동이다"

 미숙아망막병증 수술까지 끝내고 배나연은 첫 번째 어린이날을 맞았다. 나연이는 이제 2kg을 바라보고 있었다. 재태주수도 35주령이 되었다. 아기를 원래 만날 예정이었던 출산예정일은 한 달이 남았다. 태어났을 때 들었던 주수마다 해결해야 할 과제들은 어느새 많이 해결했다. 아이의 몸에 주렁주렁 달려있던 줄들도 하나둘 제거되었다. 이제 퇴원을 위해서는 입에 달린 경관(위로 직접 수유하기 위함)과 콧줄(하이플로우)만 제거하면 됐다. 출산예정일쯤에는 퇴원할 수 있길 바랐다.
 입으로 먹는 연습은 34주에 시작했다. 간호사 선생님들과 연습하면서 잘하면 엄마아빠랑도 연습할 수 있다고 했는데 못 했다. 나연이는 어떤 과제를 한 번에 해결하는 법이 없었다. 산소는 수술 전 산소 농도를 35까지 낮췄었는데 수술 후 다시 40이 되었다. 움직이거나 힘들 때는 심장이 천천히 뛰는 서맥이 종종 생겼다. 당장 걱정할 단계는 아니었지만 잦아지면 위험할 수 있었다. 무호흡이나 서맥 없이 안정적으로 숨 쉬며 호흡기를 얼른 제거해야 했는데 마음이 조급해졌다. 산소 치료를 계속하면 미숙아망막병증이 다시 발달할 수 있었다. 정말로 재수술해야 할까 봐 너무 걱정됐다. 그나마 남은 신경도 레이저로 지지는 것은 정말로 싫었다.

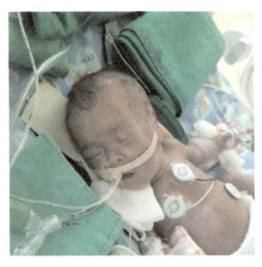
기도삽관

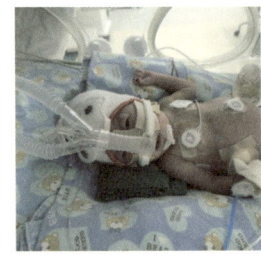
양압기

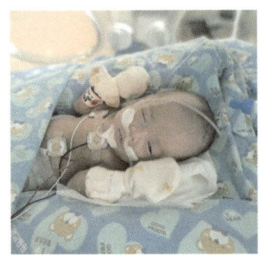
하이플로우

하이플로우는 고유량 산소 치료를 의미한다. 신생아에게 사용될 때는 아기의 미성숙한 폐를 보호하고 안정적인 산소 공급을 하는 역할을 한다. 고농도의 산소를 높은 유량으로 공급해 아기의 호흡 노력을 줄이며, 기도에 관을 삽입하거나 양압기 마스크를 하는 것보다 아기가 느끼는 불편함이 덜하다. 우리 공기 중의 산소는 21%이다. 나연이는 40%를 쓰고 있었으므로 아기에게 주어진 마지막 과제는 1. 산소 농도를 21%로 줄이는 것, 2. 최종적으로 떼고도 스스로 호흡해 내는 것이었다. 하지만 5

월 15일, 나연이는 반대로 농도를 50%로 올렸다. 오전에 많이 힘들어했다고 했다.

  숨쉬기 운동도 운동이었다. 숨을 쉬는 것은 나연이에게 많은 에너지를 요구했다. 엄마가 면회하는 동안 나연이는 몇 번이나 무호흡이 생기고 심박수가 떨어지길 반복했다. 다음 날은 산소 유량은 올리고 농도는 낮췄다. 그날은 산소포화도는 몇 번 80대로 떨어졌지만, 심박수가 떨어지는 무호흡은 한 번도 없었다. 신생아중환자실 면회를 다니며 "신생아는 오늘 좋다가 내일은 또 안 좋을 수 있고 하루하루가 다르다. 일희일비하지 말라."는 말을 정말 수없이 들었지만, 산소 농도가 올랐다 내렸다 하는 동안 엄마 기분도 같이 오르락내리락했다.

  오르락내리락하는 것은 산소 농도와 엄마 기분만이 아니었다. 나연이는 숨 쉴 때 가슴이 일반 사람보다 훨씬 많이 움직였다. 숨을 내쉴 때 가슴 아래가 쑥쑥 들어가서 여쭈어보니 아직 갈빗대와 근육들에 힘이 없어서 그렇다고 했다. 짜부라진(?) 풍선을 처음 불 때 힘든 것처럼, 나연이 폐는 아직 쪼그라드는 힘이 더 강하기 때문에 숨쉬기가 힘든 것이었다. 배나연은 나름대로 있는 힘껏 숨을 쉬고 있었다. 뼈와 근육이 얼른 자라서 쉽게 편안하게 숨 쉴 수 있기를 기도하고 응원했다.

  마지막 과제 2가지는 서로 상충했다. 코로 산소가 계속 들어가니 입으로 먹는 것에 방해가 되고, 열심히 노력해서 많이 먹으면 배가 부르고 에

너지를 소진해 숨쉬기가 힘들었다. 5월 17일 밤 처음으로 입으로 40cc를 먹었는데 숨을 못 쉬어서 결국 다시 양압기를 달았다. 잘 먹은 걸 기특해 하면서도 뒤로 돌아간 것은 너무 아쉬웠다. 엄마가 속으로 기대하던 퇴원 예정일은 차츰차츰 다가오는데 아이의 성장은 너무 더뎠다.

다행히 양압기는 하루 만에 뗐다. 하루 정도 편하게 숨을 쉬면서 에너지를 비축했는지 양압기로 한번 돌아갔다 온 이후로는 많이 먹어도 숨을 어느 정도 쉬었다! 입으로 한 번에 50~60cc를 먹게 되면서 드디어 경관(Feeding Tube)까지 제거되었다. 비슷한 주수로 태어난 아이 중에 무게는 제일 작지만, 경관은 나연이가 제일 먼저 뗐다고 했다. 이제 아기 입속으로 들어가는 관은 아무것도 없었다.

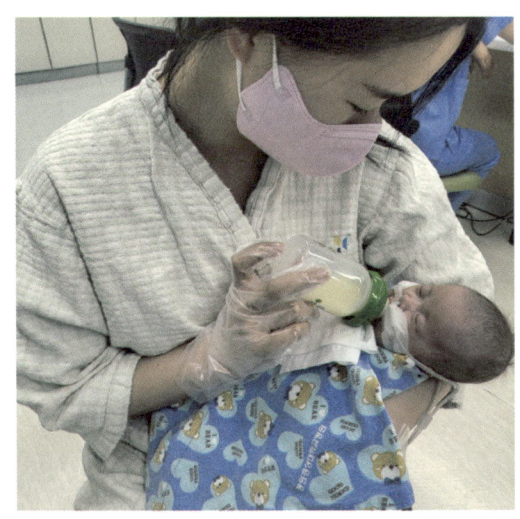

경관을 제거한 다음 날, 엄마아빠와의 수유 연습도 시작됐다. 3개월이 되어가는 5월 22일, 처음으로 나연이에게 젖병을 물렸다. 배고픈 배나연은 굉장히 전투적이었다. 수유 연습하러 12시 반에 들어가면 인큐베이터를 부수기라도 할 기세로 몸부림을 치며 울고 있었다. 젖병을 물리면 헐레벌떡 잘도 먹었다. 이제 남은 과제는 자가호흡뿐이었다.

"애가 산소 의존성이 있어서 산소는 천천히 낮추려고 하고 있어요. 엄마가 원하면 산소통 들고 퇴원할 수 있는데 그럼 엄마아빠가 너무 불안해. 우리는 안전하게 산소 떼고 나서 퇴원하자구."

결론은 아직 퇴원 못 한다는 말이었지만 교수님 입에서 '퇴원'이라는 단어가 언급된 것만으로도 감개무량했다. 5월 23일이었다. 퇴원이 다가오는 것 같았다.

조동아리 대신 니큐 동기

"와중에 동지애가 있다"

나연이가 670g으로 태어났을 때, 교수님께 '우리 병원에서는 1년에 한 번 정도 이런 아이가 태어난다.'라는 말을 들었다. 그런데 2023년 상반기에는 무슨 일이었는지 출생체중 1kg 미만의 초극소 저체중아가 비슷한 시기에 4명이나 태어났다. 제일 먼저 태어난 것은 나연이었다. 2주 뒤에 2명의 아이가 더 태어났고, 거기서 또 한 달이 지날 즈음, 29주생의 아이가 태어났다.

보통의 아기들은 이제 곧 만난다는 설렘을 거쳐 출산하는 순간의 벅찬 기쁨 속에서 태어나지만 이른둥이는 다르다. 이른둥이 부모에게 아기를 만나는 날은 예상치 못하게 갑자기 찾아온다. 아기를 곧 만난다는 사실은 설렘이 아니라 걱정과 두려움이 된다. 아기가 태어나고 나면 아기에게 앞으로 주어진 힘든 날들로 인한 벅찬 슬픔이 보통 부모들의 벅찬 기쁨의 자리를 대신한다. 아기가 태어난 지 얼마 안 되었을 때는 하염없이 눈물만 흘리느라 정신이 없다. 아기들이 어느 정도 고비를 지나면 비로소 주변을 돌아볼 여유가 생긴다. 아이들이 2kg을 바라볼 무렵, 'E(MBTI 성격검사 지표 중 외향적 성격)' 엄마들은 1, 2달 가까이 매일 마주치는 다른 엄마들과 친해지고 싶어졌다.

 우리 아기들처럼 초극소 저체중아가 아닌 이상, 웬만한 신생아중환자실의 아기들은 대체로 면회 오는 다른 보호자들의 얼굴이 익숙해지기 전 퇴원한다. 매일 조금씩 달라지는 보호자들 사이에 변함없는 몇 명이 있었다. 말 한마디 나눈 적 없었지만 이름이 뭔지, 누구 엄마인지는 다 알았다. 매일 면회 전에 신생아중환자실 앞에 있는 방문자 명부를 작성하기 때문이다. 배나연이 제일 먼저 태어난 만큼 마음의 여유가 제일 먼저 생긴 것은 나였다. 나연이가 태어난 후 50일 정도 되어서 또 초극소 저체중아(C)가 태어났을 때, 매일 울며 면회하는 그 아이의 엄마를 보며 '괜찮다고 말해주고 싶다'라는 생각을 했다. 외향적이지만 용기는 부족한 편이라 실행에 옮기지는 못했다. '말 걸고 싶다' 생각하며 눈치만 보다가 5월이 되었다. 초극소 저체중아 친구 중 3명이 미숙아망막병증 수술을 했다. 그게 우리의 내적 거리를 가깝게 했나 보다.

 캥거루케어를 하기 위해서는 상의를 벗고 가운으로 갈아입어야 한다. 신생아중환자실 내에 따로 탈의실이 없어서 보호자들은 수유연습실, 아기 목욕실, 수간호사실 등 빈방을 찾아 1명씩 들어가 얼른 옷을 갈아입고 나왔다. 보호자 수에 비해 공간이 부족했기 때문에 빨리 들어가지 않으면 줄을 서야 했다. 나는 아기와 만나는 시간을 조금이라도 늘리고 싶어서 늘 문 앞에 서 있다가 서둘러 들어가 좋은 '탈의실'을 선점했다. 그날도 목욕실을 선점하고 문을 잠그려는데 한 엄마가 불러 세웠다.

"같이 들어가요!"

나연이보다 2주 늦게, 나연이와 같은 25주 3일생으로 태어나, 나연이와 같은 날 미숙아망막병증 수술을 한 K의 엄마였다.

서로 등 돌리고 옷을 갈아입으며 아기의 안부를 묻다가 금방 친해졌다. K 엄마가 C의 엄마까지 소개해 주었다. 같은 상황 속에 있었기에 온전히 공유하는 것이 있었다. 가장 완전한 공감과 이해, 그리고 거기에서 오는 위로를 주고받았다. 늘 오며 가며 "다음에 차 한잔해요." 하다가 진짜 약속을 잡았다. 멀리는 못 가고 면회 시간보다 조금 일찍 병원에 가서 병원 1층 카페에서 만났다. 누구는 몇 주에 태어났고, 누구는 몇 그램으로 태어났고 하는 이야기를 이날 들었다. 아기를 25주 3일 차에 낳은 나와 K 엄마는 29주에 900g대로 출산한 C 엄마가 부러웠다. 사실 도토리 키재기였다. 만삭 출산을 한 엄마들이 들었다면 우리 대화가 얼마나 황당했을까. 왜 조산했는지, 아기들이 어떻게 자라왔는지, 미숙아망막병증 수술 후 경과는 어떤지 등 심각한 이야기를 하면서 뭐가 그렇게 즐거웠는지 시간이 정말 빨리 갔다. 순식간에 아기들 면회 시간이 되었다.

우리 아이들은 모두 크고 작은 산들을 넘어 잘 자라주고 있었다. 산소 농도와 유량을 더디게 내리고, 체중이 올랐다 내려갔다 하는 등의 사소한 근심은 있었지만, 어느새 제법 통통하게 자란 아기들은 그저 기적이고 기쁨이었다. 이제 우리는 같이 퇴원을 기다렸다.

퇴원에 대한 방침은 병원마다 다르다. 대체로 교과서에 나오는 기준은 다음과 같다.

이른둥이 퇴원 기준

1. 교정 재태주령이 35~36주 이상에 도달한 경우
2. 체중이 2,000g 이상이며 매일 15~30g 이상 꾸준한 체중 증가가 있는 경우
3. 경관 또는 구강으로 최소한 장관 영양이 가능한 경우
4. 상온에서 일반적인 옷과 이불로 싼 상태에서 체온이 유지되는 경우
5. 경구약 및 흡입제제 이외의 주사제 투여가 필요하지 않은 경우
6. 조절되지 않은 중요한 심장 또는 폐질환이 없는 경우
7. 최소 5일 동안 무호흡-서맥 증후군이 없었던 경우
8. 신생아중환자실에 입원해야 하는 적응증이 해결된 경우
9. 가정에서 신생아를 돌볼 수 있는 준비가 되어 있는 경우

매일 면회를 다니며 마주칠 때마다 서로 아기의 체중, 산소 농도 같은 것을 물었다. 한 아기의 경과가 좋다고 하면 한마음으로 기뻐했다. 마음을 나눌 이들이 있다는 것은 어느덧 100일에 가까워진 긴 면회 생활에 큰 즐거움이었다.

병원에서 백일 잔치

"첫 가족사진"

이른둥이 아기를 신생아중환자실에 맡겨놓고 유튜브로 하염없이 관련 영상을 보다가, 한 이른둥이 아기가 병원에서 백일 잔치를 하는 모습을 보았다.

"우리 병원도 해주려나?"
"그런 거까지는 안 해줄 것 같다."

남편과 생각해 봤지만, 안 해줄 것 같다는 게 우리의 결론이었다.

첫 아이를 기다리며 꿈꾸던 것들이 있었다. 백일이 되면 요즘 유행하는 예쁜 백일상을 차려놓고 가족들과 사진을 찍고 싶었다. 아이가 일찍 태어나 건강하게 자랐으니 감사 예배도 드리고 가족들에게 한 명 한 명 기도도 받았으면 했다. 집에서 그 정도로 백일 잔치를 하려면 5월 말에는 퇴원해야 할 텐데 나연이 호흡은 너무 천천히 좋아졌다.

인큐베이터는 기본적으로 내부 온습도를 일정하게 유지하여 엄마 뱃속과 비슷한 환경을 제공한다. 개방형 보육기는 장비 위쪽에 보온 장치가 있어 아기의 체온을 일정하게 유지한다. 다만 습도조절은 할 수 없으므로 수분 손실로 인해 체중이 감소할 수 있다. 니큐 동기 중 K가 먼저 개방형 보육기로 나왔다. 아기 체중이 2kg이 되면 나온다고 했다. 태어난 지 정확히 3개월이 되는 5월 25일, 처음으로 2kg을 넘겼다. 체중도 2kg을 넘기고, 주수도 제법 되었고, 수유도 잘했다. 하지만 나연이는 아직 인큐베이터에서 나오지 못했다.

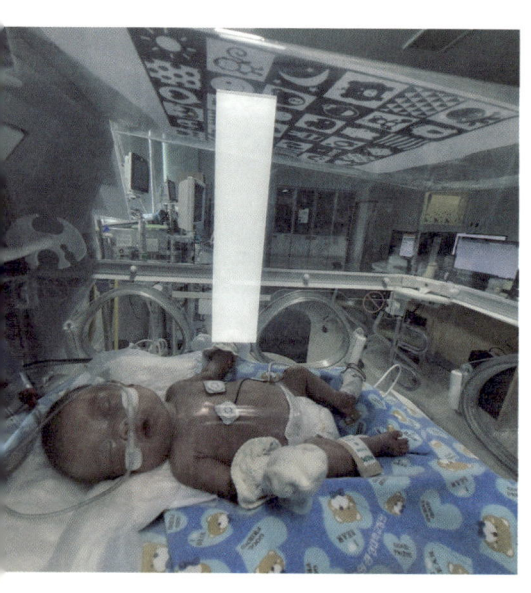

아기의 성장을 기대하는 것은 엄마아빠만이 아니었던 것 같다. 간호사 선생님들은 나연이가 성장함에 따라 인큐베이터 천장에 흑백 그림을 붙이는 등 아기가 심심하지 않도록(물론 시력 발달에도 도움이 됨) 다양한 것을 준비해 주셨다. 5월 30일에 면회를 가니 나연이가 어느 정도 자라서 곧 인큐베이터를 나오겠다고 생각하셨는지 종이로 흑백 모빌을 만들고 계셨다. 교수님이 회진 오셔서 "나연이는 좀 더 이따가 산소 낮추고 나오자."라고 하시니 나보다 간호사 선생님이 더 실망하시는 것 같았다.

'5월 말에는 퇴원했으면 좋겠다.', '백일에는 퇴원했으면 좋겠다.', '예정일에는 퇴원했으면 좋겠다.' 엄마의 소망들은 흐려져만 갔다. 미숙아 망막병증 수술 이후 최고 50%까지 올렸던 산소 농도는 5월 말이 되자 25%까지 내려왔다. 유량은 3리터였다. 24, 23까지 내렸다가도 산소포화도가 자꾸만 80대로 떨어져서 다시금 25로 올리기를 반복했다. 농도 21%에 유량 2리터까지 내리고 잘 있어야 하이플로우를 뗄 수 있었다.

'퇴원은 아직 한참 남았구나. 백일 잔치는 포기해야겠다.' 생각하고 있었다. 그런데 간호사 선생님이 나연이 백일이 정확히 언제인지 물어보셨다. 병원에서 백일 잔치를 해주신다는 것이다! 집에서 백일 잔치를 못할 것 같아 상심하고 있던 마음은 온데간데없이 사라졌다. 병원에서 백일 잔치라니. 준비해 주시는 의료진분들께 감사하다 못해 우리 딸에게 이런 특별한 추억이 생긴다는 사실이 기쁘게 느껴지기까지 했다. 선생님들이 나연이에게 입힐 배냇저고리와 모자를 가져오라고 하셨다. 모자가 있어야 귀엽다고 모자는 꼭 있어야 한다셨다.

2023년 6월 4일, 나연이가 태어난 지 백일이 되었다. 나연이 외할머니가 나연이 이름을 자수로 새겨 주문 제작한 배냇저고리와 엄마가 태교하면서 바느질해서 만든 모자를 챙겼다. 면회는 남편이 들어갔다. 밖에서 기다리는데 남편한테서 영상통화가 왔다. 나연이가 인큐베이터를 나와 개방형 보육기로 옮겨 있었다. 간호사 선생님이 만들어주신 모빌도 나연이 위에 달려있었다. 백일이 되는 날, 선물처럼, 나연이가 또 한 단계 성장했다.

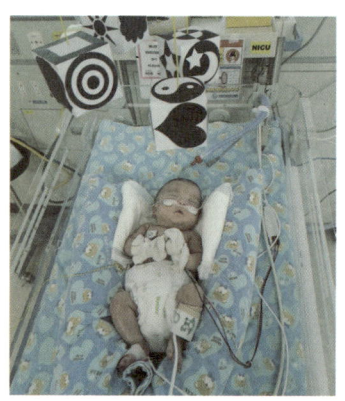

면회시간이 끝난 후 밖에서 잠시 기다렸다가 선생님들이 부르셨을 때 남편과 함께 들어갔다. 그동안은 면회가 보호자 중 1명만 가능해서 수술 후에 아기 상태를 확인할 때만 엄마아빠가 동시에 들어갈 수 있었다. 우리 가족 세 사람이 처음으로 기쁘게 한자리에 모였다.

가랜드가 2개 있었는데 선생님들이 '이게 이쁜가, 저게 이쁜가?' 하시다가 그냥 둘 다 달아 주셨다. 가랜드와 백일 축하 현수막, 선생님들이 직접 인쇄해서 오려 붙인 '축 100일' 글씨가 우리 아기 자리를 꾸미고 있었다.

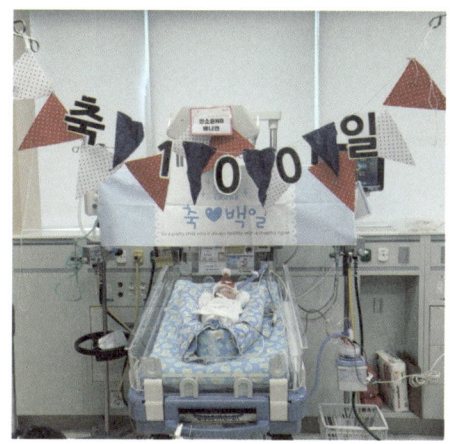
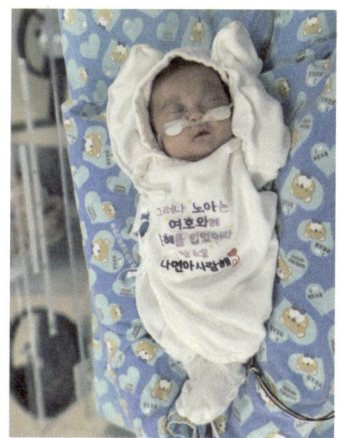

매일 기저귀 바람이었던 우리 딸은 처음으로 옷을 입었다. 엄마가 만든 모자를 쓰고 처음으로 발싸개도 했다. 겨우 2kg의 우리 아가에게는 배냇저고리도 모자도 너무 컸다. 엄마아빠는 여전히 마스크 속 맨 얼굴을 너에게 보여주지 못했다. 그래도 네가 무사히 100일을 살아내었고, 670g이던 네가 무럭무럭 자라서 어느새 2kg이 넘었고, 우리 가족이 무사히 만나 함께 사진을 찍는다는 사실이 그저 기뻤다.

아기는 옷이 커서 늘어져 있고, 엄마아빠는 마스크, 위생복, 위생 장갑의 중무장을 한, 다소 생소한 형태이지만. 아기를 안고 우리의 첫 가족사진을 찍었다.

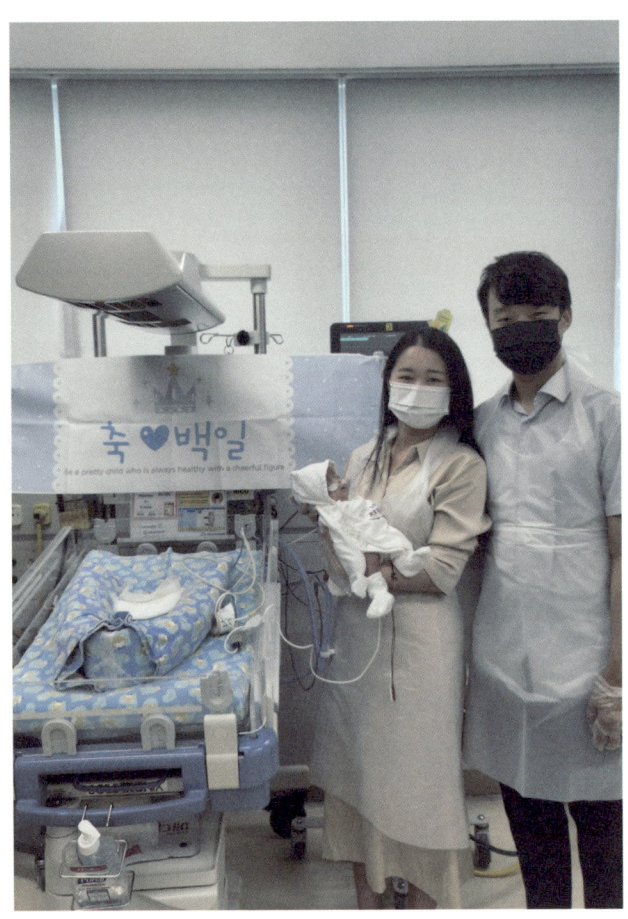

내가 엄마야

"병원 할아버지, 엄마, 이모"

 퇴원하지 못하고 출산예정일을 맞았다. 그토록 기다리던 40주가 되었다. 40주가 되었어도 나연이는 2.39kg의 작은 아기였다. 산소는 26%에 3L를 쓰고 있었다. 그래도 산소포화도가 떨어지는 횟수가 많이 줄고, 떨어지더라도 별다른 조치 없이 스스로 잘 회복했다. 조급한 엄마 마음에 비해서는 느린 속도지만 찬찬히 자기 속도에 맞게 자라주고 있었다. 시력과 청력이 발달하고 있는지 간호사 선생님들이 달아 주신 초점 모빌을 뚫어져라 쳐다보고, 엄마랑 간호사 선생님이 이야기하면 소리 나는 쪽으로 눈을 돌리기도 했다.
 미숙아망막병증 수술하다가 탯줄이 떨어졌는데, 한 달이 지나서 보니 탯줄 떨어진 자리가 단풍잎 모양이 되어 있었다. 뱃속에 있을 때 Maple story 게임을 신나게 했더니 배꼽이 단풍잎 모양이 되었나 싶었다. 엄마는 메이플 태교의 결과가 그저 재미있었고, 간호사 선생님이 오히려 배꼽이 안 예뻐질 것 같다고 걱정해 주셨다. 콧줄에는 웬 곰돌이 스티커가 붙어 있길래 여쭤봤더니 스티커가 여유 있어서 귀요미한테 붙여주었다고 하셨다. 나연이는 병원 가족들에게 사랑을 듬뿍 받으며 자라고 있었다.

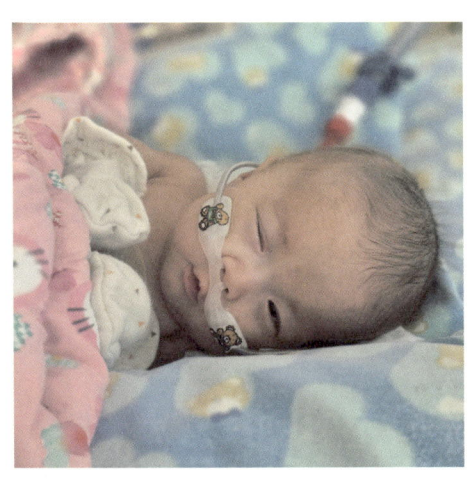

나연이가 태어난 지 한 달쯤 되었을 때, 면회를 들어갔는데 나연이가 불편해하고 있었다. 간호사 선생님이 보시고는 아기를 들어서 다시 눕히고 이것저것 만져주셨는데 나연이가 울었다. 아이가 울자, 간호사 선생님이 달래시면서 "엄마 안 만지려고 했어." 하셨다.

간호사 선생님이 가시고 나서 인큐베이터에 대고 작게 "내가 엄마야……."하고 말해줬다. 그날은 하루 종일 가슴 한편이 허했다. 아기의 엄마로서 아기를 그렇게 돌봐주고 목소리를 들려줄 수 없다는 것이 너무 아쉬웠다. 밤에 일기를 쓰면서 생각이 달라졌다. 의료진이 엄마와 같은 마음으로 아기를 돌봐준다는 사실이 얼마나 감사한 일인가.

KBS에서 제작한 다큐멘터리 중에 〈1g의 기적 - 신생아중환자실 72시간〉이라는 작품이 있다. 2013년에 방송한 삼성서울병원 신생아중환자실 이야기이다. 영상의 초반부에 간호사 선생님이 아기를 돌보며 "우리 아기, 우리 아기" 하셔서 카메라 감독님이 '우리 아기라는 말이 자연스럽게 나온다.'라고 말씀하시는 부분이 있다. 아기가 태어났을 때부터 보면서 아기가 힘들어하는 모습, 성장하는 과정을 지켜보다 보니 '우리 아기'라는 말이 입에 붙었다고 하셨다. G대병원 신생아중환자실 선생님들은 나연이의 할아버지(주치의 교수님)이고, 엄마이고, 이모였다.

나연이가 병원에 있던 2023년 6월 24일, SBS 〈그것이 알고 싶다〉에서는 소아청소년과 의료 대란과 소아 응급 의료체계의 붕괴에 대하여 다루었다. 그 무렵 소아를 진료할 수 없다는 이유로 응급실을 거절당하는 사례가 많았다. 동네에서도 소아청소년과가 줄었다. 소아과 전문의가 부족해졌고 소아청소년과를 희망하는 전공의 또한 줄었다. 방송에서는 "소아는 성인의 축소판이 아니다"라고 했다. 같은 질병이라도 전혀 다른 방법으로 접근해야 한다고 했다. 또한 주사를 한 번 놓는다고 해도 성인은 간호사 1명이면 충분하지만, 소아는 아이가 움직이지 않도록 잡아주는 추가 인력이 필요하다는 등 여러 이유로 의료수가에서 차이가 난다고 했다.

원래도 좋아하던 방송이었지만 아기를 신생아중환자실에 맡겨놓고 소아청소년과 의료진을 매일 만나는 상태에서 그 방송을 보니 내용이 더욱 깊이 와닿았다. G대병원 신생아중환자실도 주치의는 1명뿐이었다. 교수님도 쉬셔야 하니까 일요일 하루만 다른 교수님이 아이들을 봐주셨고 모든 아기는 P 교수님이 혼자 담당하셨다. 교수님은 정말 집에를 안 가셨다. 사실 우리는 아무 때나 아기가 보고 싶으면 기저귀나 영양제를 가져다주는 등 핑계를 만들어 다른 시간에 병원에 다시 갔다. 신생아중환자실 안으로는 들어갈 수 없었지만, 아이가 있는 건물에 다시 한번 가는 것만으로도 좋았기 때문이다. 그런데 우리가 아침에 가든, 오후에 가든, 한밤중에 가든, 심지어 새벽에도! 교수님은 늘 병원에 계셨다. 우리야 아기의 주치의가 항상 아이를 돌봐주시니 감사한 일이었지만, 교수님이 언제 주무시는지 정말 궁금했다. 방송을 본 다음 날, 남편은 면회에 가서 교수님께 해당 방송을 봤다고 말했다. 교수님도 주 6일 혼자 당직을 선다고 하셨다.

"그래도 애들 이렇게 커 가지구 퇴원시킬 때 너무 좋아요. 그게 좋아서 계속하지."

간호사도 보통은 소아청소년과를 선호하지 않는다고 한다. 신생아중환자실에서 일한 것은 경력으로 잘 쳐주지 않는다고 들었다. 말 그대로 소아와 성인은 달라서 성인 병동에서 일하려면 모든 걸 다시 익혀야 한다고 했다. 면회 중에 간호사 선생님과 이야기하다가 신생아중환자실에 지원하신 거냐고 여쭤보니 전혀 아니라고 하셨다. 당연히 성인 병동에 갈 것으로 생각하셨다며 발령을 받았을 때 잘못 들은 줄 아셨다고 했다.

"근데 지금은 너무 좋아요."

아기들을 보는 것이 힐링이라고 하셨다. 선생님들은 나연이가 입원해 있는 내내 사진을 찍어주시거나 동영상을 찍어주시기도 하고, 한 분은 아예 그간 찍은 사진들을 인화해서 앨범을 만들어주시기도 하셨다.

엄마아빠가 없는 시간을 대신 채워 주신 선생님들의 사랑과 관심이 없었다면 나연이는 이렇게 잘 자라지 못했을 거라고 생각한다.

퇴원 최종, 드디어 병원 탈출?

"아가, 우리 집에 가자"

자가호흡의 산은 잡힐 듯이 잡히지 않았다. 5월 4일에 50%였던 산소 농도를 25%까지 내리는 데에 1달이 넘게 걸렸다. 드디어 21%에 2L가 되었다. 이제 퇴원일을 정할 때였다. 백일도, 출산예정일도 지난 6월 12일, 드디어 퇴원 이야기가 나왔다. 13일에 하이플로우를 떼고 2~3일 지켜보다가 괜찮으면 퇴원하자고 하셨다.

"이제 애기한테 우리(의료진)가 필요한 게 아니라 엄마아빠가 필요해요."

교정일이 지났기 때문에 아기가 부모를 인식하고 애착을 쌓아가야 할 시기였다. 빠르면 이번 주중에 퇴원할 수도 있다고 생각하니 너무 설레고 기뻤다. 가족들에게 얼른 소식을 전했다.

"곧 나올 줄은 알았는데 이번 주가 될 수도 있네?" 남편도 기뻐했다.

13일에 면회하러 갔다.

"내일 하이플로우 떼고 괜찮으면 다음 주 화요일에 눈 검사(미숙아망막병증) 하고, 수요일에 퇴원하면 되겠네."

일정이 조금 밀렸지만, 퇴원 일정이 정해졌다! 면회를 마치고 집에 가는 길에 중고 거래로 아기 병풍을 샀다. 아기가 와서 이 병풍을 볼 생각 하니까 상상만으로도 너무 귀여웠다. 퇴원을 위한 준비가 시작되었다. 간호사 선생님께 나연이가 먹는 특수 분유(모유가 부족할 때 분유 보충)에 대한 안내를 들었다.

14일에도 면회를 가니 하이플로우를 하고 있는 상태였다. 오후에 떼보겠다고 해서 기대했는데 다음 날 면회에서도 마찬가지였다. 먹을 때 힘들어해서 다시 달았다고 하셨다. 산소가 21에 2리터로 최소로 들어가고 있는 건데도 그나마 없으면 힘이 드는 모양이었다. "내일 오후나 토요일 오전에 다시 떼보려고 해요." 일정이 다시 밀렸다. 그러고도 16일에 또 '내일 아침에 콧줄 떼는 거 시도해 볼 거'라는 말을 들었다.

19일이 되자 산소는 끊을 계획이 없어졌다. 하이플로우를 떼려는 모든 시도는 실패했다. 수유 연습 중에 구역질을 4번이나 하고 심박수가 87까지 떨어졌다. 면회가 끝나가는 시간에 아기 한 명이 울자 다른 아기들이 하나둘 따라 울었다. 나연이도 같이 울기 시작해서 그치지 않았다. 우는 아기를 두고 나오려니 너무 속상했다. 계속 밀리는 퇴원 일정도 야속하기만 했다. 진짜 이 생활을 좀 그만하고 싶다는 생각이 들었다. 결국 차에 타서 혼자 울었다.

21일, 눈 검사는 통과했다. 한 번만 검사를 더 하면 미숙아망막병증은 졸업이라고 했다. 아기는 혼자 숨쉬기는 힘들어해도 눈이 또랑또랑하고 말(옹알이)도 잘하고 잘 놀았다.

"다음 주 월요일에 산소 떼보고 잘 있으면 목요일에 눈 검사하고 토요일에 퇴원하는 걸로 합시다." 또 퇴원 일정이 잡혔다. 선생님들은 다들 아기를 보며 "많이 컸다.", "집 갈 때 다 됐다." 하시는데 정작 배나연은 여유가 넘쳤다.

6월 26일, 나연이가 태어난 지 4개월하고 하루가 지났다. 드디어 콧줄을 뗐다. 완전한 맨 얼굴을 드디어, 처음으로 보았다. 콧줄을 한 얼굴도 너무 예쁘다고 생각했는데, 얼굴을 가리던 마지막 작은 조각이 사라지니 아이가 천 배는 더 예뻐졌다.

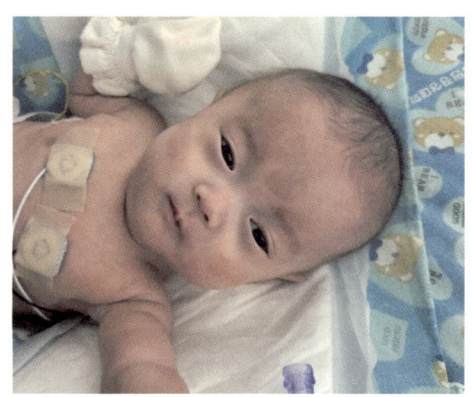

콧줄을 뗐지만, 산소 치료가 끝난 것은 아니었다. 산소발생기에 연결된 관을 얼굴 근처에 두고 산소를 흘려보내 주어야 했다. 산소를 완전히 끊고 퇴원하려면 시간이 너무 오래 걸릴 것 같아 가정용 산소발생기를 대여해서 퇴원하기로 했다.

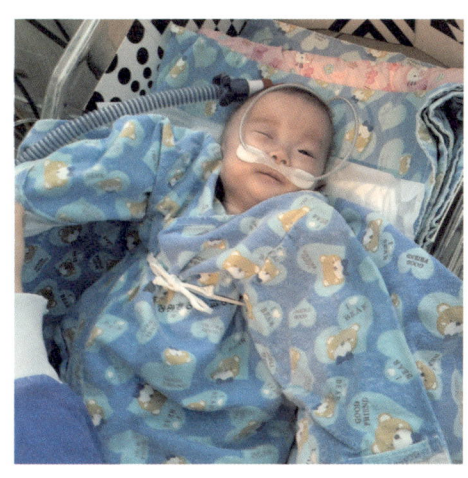

첫날은 적응하느라 컨디션이 나빴지만, 다음 날은 훨씬 안정적이었다. 산소를 옆에 안 대주고 있을 때도 제법 잘 견뎠다. 먹을 때도 산소포화도가 떨어지지 않았다. 그리고 다음 날인 28일, 나연이는 드디어 개방형 보육기도 졸업했다. 바구니로 나오면서 1kg대의 새아기에게 '가장 주의를 요하는 아기 자리'도 내주었다. 담요와 똑같은 무늬의 옷도 입었다. 아기는 잘 먹고, 잘 싸고, 잘 놀았다. '어쩜, 이번 주는 이렇게 하루하루 엄마아빠를 기쁘게 해줄까.' 생각했더니 녀석이 29일, 다시 하이플로우를 달았다.

퇴원 예정일(7/1)이 눈앞에 다가와 기쁘기만 했는데 수유 연습하려고 젖병을 입에 넣자마자 왈칵 게워 냈다. 심박수와 산소포화도가 계속 흔들리고 청색증(피부와 점막이 푸른색을 띠는 것)이 왔다.

"위험한 이벤트가 생겨서 한 4~5일쯤은 더 지켜봐야 해요. 퇴원은 일주일 정도 미뤄야 할 것 같아요."

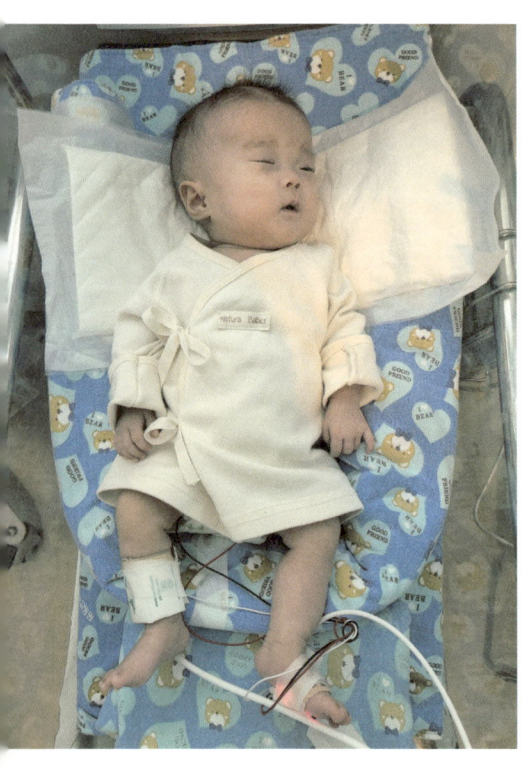

남편은 퇴원하고 저런 일이 생긴 게 아니라 다행이라고 했다. 실망이 컸지만 어쩔 수 없었다. 이번에 오려던 것보다 훨씬 더 건강하고 안정적으로 집에 올 수 있게 되기를 기도했다. 다행히 콧줄을 달고 나서는 하루 내내 안정된 상태를 유지했다. 전날의 청색증은 먹을 때 리듬이 안 맞았던 것으로 결론이 났다. 퇴원은 미뤄졌지만, 아기가 나빠진 것은 아니어서 감사했다.

7월 3일, 나연이는 2.99kg이 되었다. 이제 이 신생아중환자실 고참 아기는 개인 옷을 가져가 병원에서 입고 있었다. 병원에 있는 옷으로는 체온 조절을 잘하다 못해 더워서 얇은 옷을 가져다 달라고 했기 때문이다. 최종 퇴원일이 7월 6일로 정해졌다.

진짜 퇴원 준비가 시작됐다. 나연이는 집에서 일정 기간 계속 호흡기 치료를 해야 했기 때문에 가정용 산소발생기와 휴대용 산소발생기, 아기의 심박수와 산소포화도를 점검하는 모니터를 대여했다. 산소발생기 대여는 산소 치료 처방전이 있으면 공단 부담금이 지원되어서 대여료가 10분의 1로 저렴해졌다. 가정용 산소발생기는 월 12,000원, 휴대용 산소발생기는 월 20,000원이 들었다. 이걸 대여하는 기간에는 전기세를 할인해 준다고 했다. 네블라이저(약물을 미세 에어로졸 형태로 분무하는 호흡기 질환용 의료기기)도 구매했다. 병원에 가져가서 아기랑 연습도 했다. 젖병도 모두 소독해 두고, 특수 분유도 몇 통 사두고(병원에서 받은 쿠폰으로 할인 구매 가능, 400g에 45,000원), 아기 침대도, 역류방지 쿠션도 다 준비되었다. 나연이가 입원해 있는 4개월이 넘는 기간 동안 엄마가 주구장창 중고 거래를 해서 없는 게 없었다.

7월 6일, 3.13kg의 배나연이 드디어 우리 집에 왔다.

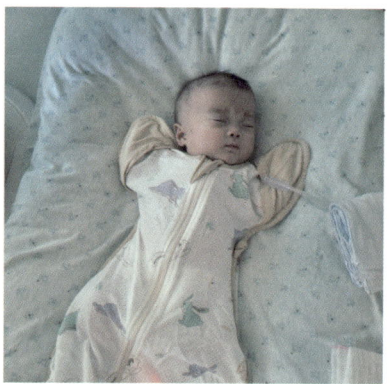

141일 만에 본격 육아

"

보통 아이들 육아와는 조금 달랐다

"

퇴원 최최종, 이번엔 진짜야

"24시간도 못 채우고 재입원"

아기와 떨어져 지낸 지 어언 4개월이 된 시점이었다. 콧줄을 달고 가도 좋으니, 아기를 집에 데려가 함께 있고 싶었다. 결국 산소를 달고 퇴원하게 된 날, 속싸개와 바구니 카시트, 휴대용 산소발생기, 모니터까지 바리바리 챙겨서 아이를 데리러 갔다. 남편도 자녀 돌봄 휴가를 내고 함께 했다. 상담실에서 아기의 현 상태와 이후 외래 일정에 대한 설명을 들었다. 아기 심폐소생술과 하임리히법도 배웠다. 너무 무서워서 이런 거 할 일 안 생기기만 바랐다.

친정 부모님이 바로 아기를 보러 오셨다. 기쁜 마음으로 집에서 함께 감사 예배를 드렸다. 나연이는 예배드리는 내내 꼼지락꼼지락 잘 놀았다. 나연이와 함께 드리는 첫 예배였다. 기쁨과 감사로 마음이 벅차올랐다.

난관은 밤부터 시작되었다. 수유하고 나면 트림을 하기 전까지 계속 산소포화도가 떨어졌다. 결국 자정이 넘은 시간에 남편이 신생아중환자실에 전화를 걸었다. 교수님이 '풀미칸(기관지 염증 억제 약물)'을 여러 번 써도 괜찮으니 안 좋을 때마다 네블라이저 치료를 해주라고 하셨다. 산소발생기의 산소를 최대로 올리고 네블라이저를 몇 번이고 계속했다. 그래도 수유 때마다 산소포화도가 떨어지는 일이 계속되었다. 아기를 먹이는 일이 겁났다. 먹일 때마다 생사의 고비를 넘다니, 이 아이를 내가 키울 수 있을지 의문이 들었다. 자신이 없었다. 아이와 함께한 지 하루도 안 되었는데 내가 키우기엔 너무 벅찬 아이라는 생각까지 들었다.

새벽 4시경, 수유를 마치고 트림을 시키는 데 산소포화도가 60까지 떨어졌다. 아기의 입술이 새파래졌다. 정신이 없었다. 새벽이고 자시고 소리를 지르며 아이 등을 두드렸다.

"아가! 아가! 숨 쉬어야 해!"

출근해야 해서 2시쯤 자러 들어갔던 남편이 내 발악을 듣고 놀라서 달려 나왔다. 다행히 곧 트림해서 산소포화도가 다시 올라왔다.

남편도 나도 패닉이었다. 남편이 신생아중환자실에 다시 전화하자고 했다. 나는 전화하기를 주저했다. 시간이 너무 새벽이라 선생님들께 죄송하기도 했고, 사실은 그렇게 퇴원하고 싶어 했으면서 막상 퇴원하니까 감당을 못하는 내 모습을 다른 사람들에게 내보이기 싫었다. 남편이 또 대신해서 전화를 걸었다. 남편은 내게 들은 아기의 상태를 병원에 전달했다.

"지금 응급실로 오세요."

집에 온 지 만 하루도 되지 않은 시점이었다. 나가려는 정신을 겨우 부여잡으며 허겁지겁 짐을 챙겨 출발했다. 가는 동안에도 몇 번이고 산소포화도가 떨어지고 모니터는 쉴 새 없이 경고음을 울렸다. 아이를 카시트에 태우지도 못하고 안아서 두드리며 병원으로 달려갔다. 아기 머리가 흔들려서 '흔들린 아이 증후군'이 생기지는 않을까 걱정됐지만 당장 숨을 못 쉬는 상황에 고려할 일이 아니었다.

어이없게도 아이는 응급실에 도착하자 무슨 일이 있었냐는 듯 멀쩡해졌다. 고향 집에 온 기분이라도 느끼는지, 눈을 동그랗게 뜨고 연신 두리번거리는 것이 하루 중 제일 컨디션이 좋은 것 같았다. 응급실에서 바로 신생아중환자실로 올라갔고 나연이는 재차 입원하게 되었다.

아기를 다시 데려다 놓고 집에 오니 어느새 해가 뜨고 7시가 되어 있었다. 남편은 30분을 더 자고 출근했다. 학교에서 동료 선생님들이 아기의 퇴원을 축하하며 기분이 어떠냐고 물어보셨는데 "다시 입원했어요."라고 대답했다고 했다.

분명 퇴원했었는데 다시 면회 생활이 시작되었다. 시간이 되어 병원에 가니 K 엄마와 C 엄마가 신생아중환자실 앞 아기 명단을 보고 아리송해하고 있었다.

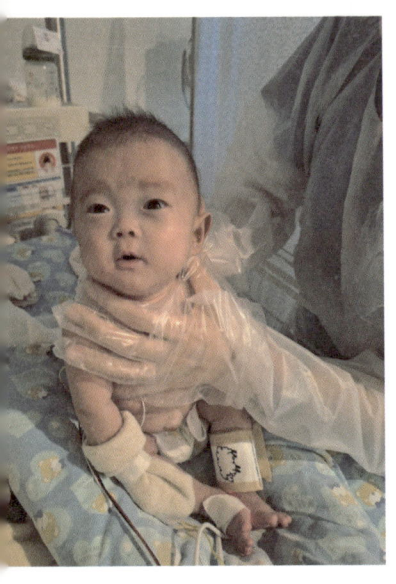

"신기하게 다시 와 있죠?"

지난밤의 일을 간단히 설명하고는 아기들을 면회하러 들어갔다. 나연이는 밖에 나갔다 왔기 때문에 신생아중환자실 제일 깊숙한 곳에 있는 격리실에 가 있었다. 문제를 찾아서 해결해야 하는데, 병원에 온 뒤로 상태가 괜찮아서 의료진도 다들 당황스러운 상태였다. 교수님은 집에서 사용한 젖병의 젖꼭지 구멍이 커서 버거웠던 건 아닐까 하시고는 다음 면회 때 젖병을 가지고 와 보라고 하셨다.

다시 입원해서 기저귀만 한 채로 개방형 보육기에 들어간 아기를 보고 있으니 너무 속상했다. 좋은 엄마가 되어주고 싶었는데 너무 몰라서 애를 힘들게 하는 것 같았다. 내 수유 자세가 문제였던 건 아닐까, 이게 문제였을까, 저게 문제였을까 생각하다가 결국 아기를 보며 울었다. 다음 날 젖병을 가져갔는데 오히려 병원에서 쓰는 젖병의 구멍보다 작았다. 사건(?)은 점점 더 미궁 속으로 빠져들었다. 결국 나연이는 산소를 완전히 떼고 퇴원하기로 결정이 됐다.

"엄마 아빠 불안해서 안되겠어."

교수님이 말씀하셨다.

주말이 지나고 7월 10일 월요일, 드디어 산소를 아예 뗐다. 하지만 며칠 더 지켜보아야 했다. 교수님께서는 빨라도 이번 주말은 되어야 퇴원할 수 있다셨다. 오후에는 격리실에서 해제되어 다시 바구니로 나왔다. 다행히 나연이가 제법 적응을 잘했다. 산소가 없어도 스스로 숨을 잘 쉬었다. 먹을 때도 흔들리지 않고 안정적이었다. 바로 다시 퇴원 일정을 토요일로 잡았다. 나도 이번에는 잘할 수 있을 것 같은 느낌이 들었다. 아이는 그사이 살도 붙었고, 눈으로 보기에도 지난주에 퇴원할 때보다 훨씬 편해 보였다.

다시 퇴원일을 손꼽아 기다리는데, 이 녀석이 목요일 밤에 또 청색증이 왔다. 병원에서 퇴원 날짜를 월요일로 미루는 게 어떻겠냐고 하셨다. 지금까지의 데이터로 보아 이런 일은 어차피 잘 있다가도 언제든 일어날 수 있다는 생각이 들었다. 나는 그냥 부딪혀 보기로 했다.

2023년 상반기에 태어났던 초극소 저체중아들은 한 번에 우르르 병원을 떠났다. 우리와 교류가 없었던 한 아이가 며칠 먼저 나가고, 나연이와 K가 15일, C가 16일에 퇴원했다. 배나연 엄마는 2회차 퇴원에 아주 대담해져서는 바로 집으로 안 가고 사진관에 가서 아이 본아트를 찍었다. 혹시나 하는 마음에 휴대용 산소발생기를 가지고 갔지만 산소발생기 없이도 아기는 안정적이었다. 쿨쿨 잘도 자서 사진을 예쁘게 찍었다.

한 번에 퇴원했기 때문에 니큐 동기 단체 대화방이 늘 왁자지껄했다. K와 C 엄마는 아이가 온 첫날 둘 다 밤을 꼴딱 새웠다고 했다.

나와 나연이 아빠는 잘 잤다. 이번에는 정말로 괜찮았다. 나연이도 병원에서 통잠 4시간을 만들어 왔다. 출산한 지 141일 만이었다. 본격 육아가 시작되었다.

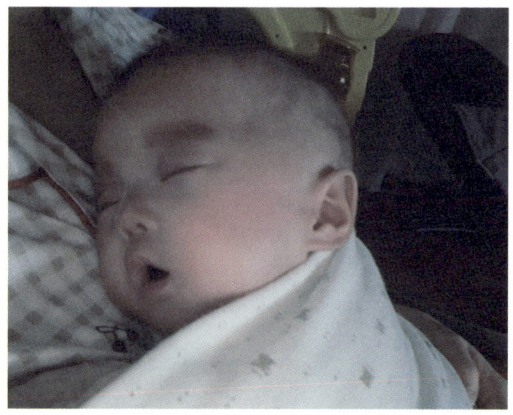

치료비는 얼마가 들었나

"이 돈 안 받고 네가 건강한 게 낫지"

이른둥이를 낳고 아이를 신생아중환자실에 들여보냈을 때, 제일 걱정되었던 것은 돈이었다. 인큐베이터 등의 비용이 천문학적으로 들 텐데 감당할 수 있을까 싶었다. 결론만 말하면 감당하고도 남았다. 관용표현이 아니라 실제로 남았다는 이야기다. 현재 우리나라는 신생아중환자실의 병원비를 대부분 국가에서 지원해 준다. 덕분에 애초에 나오는 병원비 자체가 실제 치료에 들어간 금액에 비해 현저히 적은 금액이다. 그 외에도 보건소 지원 등 받을 수 있는 혜택이 많다. 병원에서 수납할 때 처음부터 제하고 나오는 공단 보험금 외에는 부모가 챙겨서 신청해야만 받을 수 있는 돈이다. 누군가에게 도움이 되기를 바라며 정리하여 적어본다.

공단 보험금

나연이의 퇴원 영수증에 적힌 진료비 총액은 2억 원에 가까운 금액이었다. 하지만 우리가 결제한 금액은 300만 원이 조금 넘는 금액이었다. 국민건강보험공단에서 지급한 금액이 1억 8천만 원이 넘었다. 계산하자면 전체 치료비의 1~2% 정도의 금액만 우리가 부담한 셈이다.

미숙아 및 선천성이상아 의료비 지원

그러나 그나마 결제한 그 돈 중에서도 일부는 도로 환급을 받았다. 보건소에서도 의료비를 지원해 주기 때문이다. 정부(보건복지부)는 미숙아 및 선천성이상아 가정의 경제적 부담을 완화하고 고위험신생아가 건강하게 성장 발달할 수 있도록 결제한 의료비 중 일부를 지원한다. 출생 체중에 따라 최대 지원 금액(300만 원~1천만 원)이 달라지며 전액 본인 부담금 및 비급여 항목에 대해 보조금을 지급한다. 퇴원 후 6개월 이내에 관련 서류를 제출하면 받을 수 있다. 기한을 초과하면 신청할 수 없으므로 반드시 기간 내에 신청해야 한다. 우리 지역은 보건소 방문 신청만 가능했다. 나연이가 태어난 2023년도에는 중위소득 기준이 있었으나 2024년부터는 소득과 무관하게 모든 가정에서 신청 가능하다고 한다. 나연이는 180만 원 정도를 받았다.

제출 서류는 미숙아 의료비 지원 신청서 및 동의서(시청 홈페이지에서 다운로드했다.), 진료비 영수증, 진료비 세부 내역서, 출생증명서(미숙아), 통장 사본, 주민등록등본 등이다. 거주지역 보건소에 문의하면 자세한 안내를 받을 수 있다.

덧붙여 미숙아를 출산했다는 것은 고위험 산모였다는 뜻이다. 거의 비슷한 서류로 고위험 산모도 의료비 지원을 받는다. 나의 경우 출산 비용은 약 47만 원 들었으며, 8만 원 정도를 받았다.

태아보험 및 실손보험금

태아보험은 사실상 어린이 보험이다. 다만 임신 중에 가입할 시 태아 시기 등에 발생할 수 있는 다양한 질병 등에 대한 보장이 추가된다(출산 후 삭제되어 보험료가 달라진다). 사실 퇴원 후 보험금을 신청하면서도 얼마나 받을지는 전혀 예상하지 못했다. 그런데 보험사에서 전화가 와서는 금액이 너무 커서 집으로 손해사정사가 방문할 예정이라고 했다. 보험 지급에 그런 절차가 있는지도 처음 알았다. 손해사정사가 집에 와서 나와 함께 나의 5년간의 치료 내역을 쭉 살피고 갔다.

나연이는 수술도 2번 했고, 그냥 입원비, 중환자실 입원비, 수술입원비 등 긴 입원 기간에 여러 보장이 적용되면서 3,300만 원대의 보험금을 받았다. 태아보험이 왜 필요한지 실감하는 순간이었다. 실손보험은 250만 원 정도 지급되었다.

조산아 및 저체중출생아 산정 특례

나연이 출생신고를 하고 나서 병원에 출생신고 사실을 알리니 국민보험공단에 제출해야 하는 서류를 1장 주었다. '조산아 및 저체중출생아 외래진료비 본인부담률 경감 신청서'였다. 이른둥이들은 일찍, 작게 태어남으로 인해 퇴원 후에도 대학병원 외래를 비롯한 병원을 자주 가게 되므로 생후 5년이 되는 날까지 외래 진료에 대한 병원비를 지원받을 수 있다. 병원의 종류나 질병과 관계없이 병원비 총액의 5%만 본인부담률이 적용된다. 약국도 마찬가지다.

나연이가 동네 소아청소년과에 가면 병원비는 600원, 약값은 700원 정도 나온다. 대학병원 진료비는 900원이다.

연말정산(미숙아 의료비, 세법상 장애인 증명서)

이게 제일 어려웠다. 다른 건 그냥 신청만 하면 되는데 연말정산은 서류도 챙겨야 하고, 소득공제 신고서도 작성해야 해서 한참을 헤맸다.

미숙아 의료비: 일반의료비의 세액 공제율은 15%이지만 미숙아 의료비는 공제율이 20%이다. 출생증명서나 진단서 등 미숙아로 태어났다는 증명서류가 있으면 해당 아기는 5세까지 지출된 의료비와 약제비에 대해 미숙아 의료비 적용을 받는다. 연말정산 간소화 서비스에 나오는 아기에 대한 항목 모두를 삭제하고 미숙아 의료비로 재입력해야 한다.

세법상 장애인 공제: 퇴원 시 받은 진단서에 신생아 호흡곤란증후군이 있고, 이로 인해 산정 특례를 받는 경우 장애인으로 기본 공제를 받을 수 있다. 정식 등록된 장애인은 아니지만 말 그대로 세법상 장애인으로 보고 공제를 해준다. 의료기관에서 세법상 장애인 증명서를 받아서 연말정산 시 제출하면 된다. 병원 앱을 통해 받을 수 있는 곳도 있으나 우리 병원의 경우 병원에 방문하여 접수 후 발급받아야 한다.

결과적으로 병원비보다 많은 돈을 받았다. 보험금이 대부분이기는 하지만 국가 지원만으로도 병원비 부담은 크게 줄었다. 누군가는 흑자라고 말할지도 모르겠다. 하지만 어느 부모라도 마찬가지일 것이다. 그 돈을 2배, 3배로 돌려주고라도 우리 아이가 건강하게 태어나 자랄 수 있다면 얼마든지 그렇게 하지 않을까.

이른둥이 아기 키우기

"매일 몸무게를 잰다"

"○○이 한 번에 얼마나 먹어요?"
"○○이 몇 키로예요?"

퇴원 후 니큐 동기 단체 대화방에는 매일 같이 이런 질문이 올라왔다. 아마 대화방에서 가장 많이 언급된 주제가 몸무게와 먹는 양일 것이다. 심지어 아직도 종종 서로 묻는다. 우리 아이들은 모두 또래보다 많이 작다.

태어나기를 한참 일찍 태어났다 보니 엄마들은 걱정이 가득했다. '키가 작지는 않을까? 못 걷는 것은 아닐까? 인지가 느리지는 않을까?' 아이가 우리 집에 와서 함께 하고 있는 것은 물론 벅차고 행복했지만, 마음 한편에는 늘 걱정과 불안한 마음이 자리 잡고 있었다. 아이가 뭔가 새로운 것을 해냈을 때는 기쁜 마음과 함께 안도의 한숨을 쉬었고, 시기가 지났는데 못 하는 것이 있으면 무수히 검색을 해대며 초조해했다.

나연이는 생후 4개월 21일(141일), 교정 1개월 9일이 되던 2023년 7월 15일에 최종적으로 퇴원했다. 퇴원 당시 키 47cm, 몸무게 3.2kg, 머리 둘레는 35cm였다. 일반적인 4개월 여아는 7kg 정도 된다. 1개월 아기도 4kg은 보통 넘긴다. 나연이는 교정 1개월령으로 보더라도 아주 작았다. 퇴원했으니 이제 무럭무럭 자라서 '따라잡기'를 해야 할 차례였다.

'따라잡기'의 엄밀한 정의는 확립되어 있지 않다. 대체로 이른둥이가 퇴원 후 첫 몇 달 동안 교정 연령상 10% 정도까지 성장을 따라잡는 것을 말한다. 그래도 엄마는 또 혼자 마음이 급해서 괜히 평균에 해당하는 50% 기준과 늘 비교하곤 했다. 하루에 20~30g씩은 몸무게가 늘어야 한다는 말에 정말이지 매일 몸무게를 쟀다. 정확하게 재고 싶어서 신생아 체중계까지 샀다. 병원에서 몸무게를 잴 때 옷 무게로 200g씩을 빼는 게 너무 아까워서 집에서는 기저귀만 입힌 채로 무게를 쟀다. 그런 엄마 마음을 아는지 모르는지 나연이는 이번에도 여유로웠다. 8월 중순이 되어서야 겨우 4kg이 되었고 이후에는 1kg씩 늘어나는데 항상 몇 개월씩 걸렸다. 5kg이 되는 데는 2달이 걸리고, 거기서 6kg이 되는 데에는 또 3달이 걸리고, 그다음 7kg이 되는 데에는 4달이 걸려서 2024년 5월이 되어서야 7kg이 되었다.

먹는 양도 너무너무 적었다. 아기의 하루 적정 수유량은 체중 1kg당 120~150ml라고 한다. 3.2kg의 나연이는 하루 총 380~480ml는 먹어야 했다. 하루 수유량이 400ml보다 적으면 안 된다는 말도 있었다. 병원에서 정해준 1회당 목표 수유량은 50ml였다. 하지만 집에 온 나연이는 고작 20~30ml를 먹고는 젖병을 밀어내 버리곤 했다.

3차 영유아 검진(9~12개월)에서 나연이는 키와 몸무게는 백분위 1인데 머리둘레만 보통이 나왔다. 어쩐지 옷 치수는 맞는데 머리가 빽빽하더라니 싶었다. 소아청소년과 외래에 가자 나연이 주치의 교수님은 키가 계속 안 크면 호르몬도 고려해 보자고 하셨다. 나연이 정도로 작게 태어난 아기들은 이런 경우가 많다고 한다. 퇴원 후 몇 개월 내에 10% 정도를 따라잡지 못할 경우, 남자아이는 키 165cm, 여자아이는 150cm를 못 넘기는 경우가 많다고 했다. 아이의 키가 작을 것이라 생각하니 한동안 우울했다. 한참을 우울해하고 나니 그나마 딸이라서 다행이라는 생각이 들었다. '우리 딸 꼬마 요정 같고 귀엽겠지, 뭐.'라고 생각하기로 했다.

키나 몸무게 외의 여러 발달 영역에서 나연이에게는 나연이만의 속도가 있었다. 출생 시 뇌출혈이 있었기 때문에 발달에 문제가 있지는 않을까 걱정이 많았는데 다행히 자기 속도대로 잘 발달해 주었다. 특히 대근육 발달은 교정주수에 맞거나 때론 더 빠르기도 해서 엄마 아빠를 놀랍게 했다. 내 작은 사람은 작은 몸 어디에서 힘이 나오는지 힘이 아주 셌다. 힘은 세고 몸은 가벼워서 더 쉽게 해냈던 걸까? 나연이는 교정 100일이 조금 지났을 때 뒤집기를 하더니 배밀이도, 혼자 앉기, 잡고 서기까지 착착 해냈다. 남편은 그런 나연이를 보고 '아빠는 이 정도까지 바라지 않는데' 하며 고마워했다. 시기마다 목 들기, 혼자 앉기, 잡고 서기 같은 숙제를 잘 해낸 덕분에 성장앨범 촬영을 한 번도 미루지 않고 잘 찍었다.

언어 발달은 지연이 있었다. 또래보다 엄마의 움직임을 따라 하는 모방이 적었고 옹알이도 발음이 한정적이었다. 이도 아주 늦게 나서 덩어리가 있거나 질긴 이유식을 잘 먹지 못했다. 그래도 어느 시기가 되니 율동을 아주 좋아하는 아이가 되고 자기만의 여러 표현과 수신호로 의사를 표현하기 시작했다. 20개월부터는 언어센터를 다니면서 조금씩 할 줄 아는 단어를 만들어 나갔다. 언어센터에서는 얼굴 근육들을 많이 움직일 수 있게 도와주라고 했다. 아마도 나연이는 발성기관과 조음기관을 사용하는 게 어려웠던 모양이었다.

모든 아기가 그렇겠지만 이른둥이도 다 똑같지는 않다. 나연이는 대근육 발달은 교정주수에 맞게 잘했지만, 말은 느렸다. 그에 반해 K는 말이 셋 중에 제일 빨랐고 대근육 발달은 제일 느렸다. C는 나연이가 잡고 걷기를 연습할 때도 네 발 기기를 못하고 배밀이 단계였지만 장난감 사용법은 제일 빨리 이해하고 용도에 맞게 놀았다. 다 각자의 강점이 있고 속도가 있었다.

우리 아이들은 평범하지 않았다. 눈에 보이는 발달 양상뿐만이 아니라 이른둥이 육아 자체가 보통 아이들 육아와는 조금 달랐다. 나연이는 두상이 비대칭이 되어 있고 배꼽이 튀어나온 상태로 퇴원했다. 소화기관이 아직 미숙했기 때문에 모유가 아니면 비싸고 맛없는 특수 분유를 먹어야 했다. 잘 때는 역류를 방지하기 위해 상체를 올려주라고 해서 평평한 곳에 눕히지 못하고 늘 비스듬한 역류방지 쿠션에 뉘어야 했다. 그래도 해내야 하는 과제가 많았던 만큼, 하나하나 해결해 나가면서 엄마 아빠에게 더 많은 기쁨을 주었다.

나연이의 몸무게는 더 이상 재지 않는다. 어쩌다 소아청소년과에서 재면 '이만큼 자랐구나' 생각한다. 천천히 큰다고 조급해할 때는 언제고 요즘은 '아기 배나연'이 그리울 때도 많다. 3~4kg 대의 조그만 내 아기를 오래 볼 수 있었던 것은 감사한 일이었다는 생각이 든다. 옷도 하나하나 아쉽지 않게 오래오래 입혔다. 이제는 여유로운 마음으로 나연이의 느리게 일어나는 작은 성장들을 즐겁게 지켜보고 있다.

느려도 괜찮다. 작고 귀여운 내 쪼꼬미, 오래 봐서 좋다!

두 돌부터는 안경

"선명한 세상을 주고 싶어"

퇴원 후 2달이 지난 어느 날, 수술했던 심장과 눈의 경과를 확인하러 G대병원에 갔다. 안과 예약이 먼저였다. 약을 넣어 산동(눈의 동공을 키우는 것)을 해서 검사를 해야 했다. 보통 산동 안약은 4번 정도 넣는다는데 나연이는 7번을 넣어도 산동이 안 됐다. 결국 소아청소년과 예약 시간이 거의 다 되어서 산동이 덜 된 상태로 검진을 받았다. 다행히 나쁜 신경도 더 자라지 않고 눈이 괜찮다고 돌 검사 때 보자고 하셨다. 심장도 괜찮다고 해서 기분 좋게 집으로 왔다.

시간이 흘러 돌 검사를 할 때가 되었다. 돌 검사에서는 사시 검사, 시력검사, 미숙아망막병증 검사를 다 한다고 했다. 2시 15분 예약이라 여유 있게 내원하여 사시와 시력검사를 했다. 9월 검사 때는 산동도 평화롭게 하고 이런저런 검사도 곧잘 했는데, 이제 좀 컸다고 낯도 가리고 무슨 기계마다 자지러지게 울어서 검사를 제대로 할 수가 없었다. 눈 사진 찍으려니까 울어서 실패, 눈이 따라오는지 보려는데 한쪽 눈을 가리는 것 자체를 너무 싫어해서 실패, 어떤 카메라 같은 기계는 동공이 너무 작아서 실패했다. 결국 사시가 없다는 사실만 확인할 수 있었다. 근시·난시·원시 등은 검사 협조가 안 돼서 모르고 라식 라섹은 확실히 안 된다셨다. 드림 렌즈는 가능하냐고 여쭤보니 눈을 봐야 안다고 하셨다. 미숙아망막병증 검사도 하는 걸로 알고 있었는데 진료가 그렇게 끝나서 의아했다. '산동해서 망막증 검사는 안 하냐'고 여쭤보니 '한번 보긴 해야 한다'고 '오늘 하고 가면 제일 좋다'고 하셨다. 결국 1번 진료가 끝난 다음에야 산동이 시작되었다. 이번에도 나연이는 산동이 잘되지 않았다. 안약을 넣을 때마다 울고 힘을 줘서 더 안 되는 것 같았다. 15분 간격으로 약을 계속해서 넣었다.

오후 진료가 시작되는 2시에 병원에 왔는데 시간은 계속 흘러갔다. 바글바글하던 대기석은 하나둘 비어갔다. 나연이는 앞선 진료를 위한 검사들로 인해 이미 기분이 좋지 않았다. 아이는 한 시간째 산동을 하며 내내 울다가 결국 지쳐서 잠들었다. 시간은 어느새 5시가 거의 다 되어 가고 있었다.

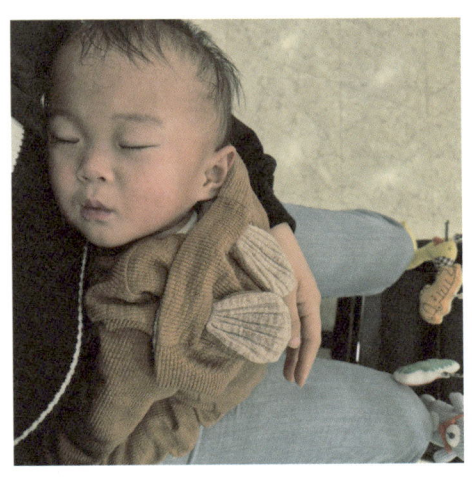

 검사를 하는 아이도 너무 힘들어했지만, 사실 엄마도 너무 지치고 힘들었다. 긴 시간 병원 한편에 앉아, 우는 아이와 씨름하면서 몸도 지쳤고, 몸이 지치니 기분도 말할 수 없이 우울해졌다. 아이를 키우며 마인드컨트롤을 잘 해왔던 것 같은데 한 번 무너지니 끝도 없이 굴을 파고 들어갔다. 아이를 고생시켜서 미안했고 결국 지쳐서 잠든 것이 너무 안쓰러웠다. 잠든 아이를 안고 속으로 눈물을 삼켰다. 5시에 또 한 번 약을 넣었다. 이제 몇 번째 투약인지도 몰랐다. 내 생각일지도 모르겠지만 간호사 선생님도 지치신 것처럼 보였다.
 겨우 동공을 키워서 눈 사진을 찍었다. 다시 교수님 진료를 기다렸다가 망막 검사를 했다. 다행히 미숙아망막병증은 더 이상 나쁜 신경이 자라지 않고 괜찮았다. 다만 나연이에게 원시와 난시가 있었다. 근시의 경

우 안구가 길어서 생기는 것으로 성장하면서 눈이 같이 커지면 점차 정도가 심해진다. 그에 반해 안구가 짧아서 생기는 원시는 성장하면서 안구길이가 길어지면 좋아질 수도 있다고 했다. 미숙아망막병증이 있었던 사람 중에 안경으로도 교정되지 않는 수준의 고도 근시가 많은데, 원시가 나타난 것은 그나마 다행인 일이었다. 다만 난시의 정도가 일반적인 사람과 비교가 안 되는 수준이었다. 나연이의 난시는 5디옵터라고 했다. 이 정도 수준이면 시야가 다 흐리게 보인다고 했다. 아이가 보는 세상이 흐리다는 말에 속으로 삼키던 눈물이 밖으로 터져 나왔다. 이번 검사는 간이 검사이기 때문에 두 돌 때 정밀검사를 한 번 더 한다셨다. 몰랐는데 작년 9월에 했던 정밀검사에서도 난시 2디옵터가 나왔었다고 한다. 2디옵터면 두 돌부터는 안경을 써야 한다고 하셨다. 당장 안경을 쓰는 것은 아니라서 말씀을 안 하셨던 모양이었다.

교수님까지 뵙고 나오니 6시가 되었다. 병원도 문을 닫을 시간이었다. 오후에 진료를 보는 사람 중 제일 빨리 병원에 왔었다는 사실이 나를 더 참담하게 했다. 어느새 텅 빈 병원이 서글펐다. 남편에게 검사 결과를 이야기하며 함께 울었다. 고도 근시가 있어 어려서부터 안경을 썼던 남편은 아이가 2살부터 안경을 써야 한다는 사실에 나보다 더 많이 마음 아파했다. 그래도 남편은 곧 라섹 수술을 앞두고 있었는데 우리 아이는 그조차도 불가능했다. 찾아보니 드림 렌즈도 난시 3디옵터까지만 가능하다고 했다. 렌즈 삽입술은 영구적이지 않고 나중에 빼야 한다던데 아이가 평생 안경을 쓸 수밖에 없다고 생각하니 속상하다는 말로 다 표현할 수 없을 만큼 속이 상했다. 선글라스를 씌우면 바로 빼버리는 아이인데, 안경을 계속 쓰고 있어야 한다는 것을 아이가 이해할 수 있을지, 그런 아이에게 안경을 억지로 씌워야 할 시간을 상상하니 가슴이 미어졌다.

아이는 곧 잊어버리고 다시 엄마 아빠를 향해 웃어 주었지만, 엄마 아빠는 아이의 눈을 보는 것이 마음 아파졌다. 울적한 마음은 일주일을 갔다. 그 후로는 조금씩 체념하고 받아들이고 긍정적인 생각을 해나갔다. 두 돌부터 안경이라는 사실을 미리 알아서 다행이었다. 마음의 준비할 시간을 1년 벌었다. 이번 검사는 간이 검사였으니 내년에 있을 정밀검사에서 조금 더 나은 결과가 나오든지, 아이가 클 때쯤 의료 기술이 발달해서 드림 렌즈를 쓸 수 있게 되든지, 더 좋은 수술이 생기든지. 어떻게든 되리라 생각하기로 했다.

아이에게 예정된 '두 돌부터는 안경을 쓴다'라는 사실은 그 후로도 문득 불시에 떠올라 엄마 아빠 마음을 복잡하게 했다. 신기하게도 그럴 때마다 원시나 난시, 렌즈 삽입술에 대한 정보를 접하게 되었다. 마치 하나님이 날 위로하시고 안심시키시는 것 같았다. 남편 이모의 친구가 아들의 심한 원시를 부산 모 안과에서 수술했다든가, 마침 알게 된 친구가 렌즈 삽입술을 했는데 요즘은 나중에 렌즈를 빼지 않아도 된다는 등, 희

망적인 이야기를 계속해서 들었다. 라섹 수술을 초창기에 했던 후배는 자기 때는 어떤 경우는 수술을 못 했는데 지금은 할 수 있다며 의료 기술은 계속 좋아진다고 나연이 때는 훨씬 좋을 거라고 했다.

두 돌 검사가 다가올 때쯤, 나연이는 병원 놀이 장난감에 빠졌다. 의사 선생님 흉내를 위해 들어있는 장난감 안경을 한참 쓰고 다니기도 했다. 혼자서는 제대로 못 쓰기 때문에 엄마가 씌워주면 냅다 거울로 달려가서 본인이 어떤 모습인지 확인도 했다. 나연이는 그냥 놀고 있었지만 엄마는 안경을 쓴 아이를 보며 '안경 쓴 것도 귀엽네? 다행이다.' 생각했다. 남편은 계속 마음 아파하고 밤마다 아이를 재우며 아이의 눈을 위해 손을 얹고 기도했다.

물론 아이의 검사 결과가 잘 나오는 것이 가장 최상이겠지만, 혹여 그렇지 않더라도 아이에게 선명한 세상을 보여줄 방법이 꼭 있을 것이라, 생길 것이라 믿으며.

첫 번째 생일을 축하해

"무사히 1년을 살았구나"

나연이와 집에서 같이 사는 일은 재미있었다. 제법 평범하게 육아하며 일상을 살아가다 보니 병원 생활은 금세 흐릿해졌다. 아이가 건강하게 자라는 걸 지켜보다 보면 우리 아이와 우리 가정에 그런 일이 있었다는 게 실감이 안 나기도 했다.

워낙 이른 시기에 작게 태어났다 보니 당시 엄마 아빠는 여러 지인에게 기도를 요청했다. 엄마 아빠가 전한 기도 제목들은 예상치 못한 곳까지 멀리멀리 전해졌다. 가족과 지인들이 대체로 기독교인이다 보니 다들 많은 곳에 기도요청을 했기 때문이다. 시어머니는 부산 극동방송에 제보하시기도 했다. 감사하게도 부산 극동방송에서는 매일 일정한 시각에 라디오 방송을 통해 나연이를 위한 기도 시간을 만들어주셨다. 운전일을 하시는 내 외삼촌이 그 방송을 듣고 나에게 전화해 "소은아, 혹시 부산 기독교 방송에 제보했나?" 물어보시는 일도 있었다.

덕분에 아이는 어딜 가든 많은 사랑을 받았다. 아이를 위해 기도하셨던 모든 분이 아이를 궁금해하셨고, 간절히 기도해주셨던 마음들은 고스란히 기특함과 사랑으로 이어졌다. 엄마는 아이를 데리고 다닐 때마다 새끼를 자랑하는 수달 같은 마음이 되었다. 감사한 분들께 아이가 얼마나 잘 자랐는지 보여드릴 때는 그렇게 뿌듯할 수가 없었다.

그렇게 잊고 잘 지내고 있었는데, 나연이의 생일이 다가오자, 엄마 마음은 어쩐지 복잡해졌다. 친정엄마는 "나연이 이렇게 잘 컸는데 우울할 필요가 뭐 있냐?" 했지만 그래도 기쁨과 감사의 마음 한편에는 정리되지 않는 복잡함이 있었다. 나로서도 정확히 무어라 정의되지 않는 마음이었다.

생일을 일주일 정도 앞둔 날, 나연이 외래가 있어서 G대병원에 갔다. 피검사가 있는 날이라 진료 시간보다 1시간 먼저 가서 피를 뽑고는 기다리는 동안 신생아중환자실 앞에 가보았다. 간호사 선생님들은 종종 "어머님, 퇴원하시면 외래 때 꼭 와주셔야 해요." 말씀하시곤 했다. 바쁘신 것을 알기 때문에 벨을 누르지는 못하고 앞을 서성이고 있으니 한 분이 나오셨다가 나와 나연이를 보셨다. 곧 선생님들이 우르르 나오셨다. 다들 나연이를 보고 '왜 이렇게 많이 컸냐'며 반겨 주셨다. 아마 선생님들도 갓 태어났을 당시의 나연이와 겹쳐보시지 않으셨을까.

한 선생님이 나연이 손을 잡고 주사 자국이 아직 있는지 살피셨다. 엄마는 잘 몰랐는데 선생님들 눈에는 보였나 보다. 손을 이리저리 살피시고는 "아이고, 아직 있네." 하셨다. 아쉽게도 나연이는 엄마 대신 자기를 4개월 넘게 길러주신 선생님들이 기억나지 않는지 엄마에게서 떨어지지 않으려 했다. 손을 살피셨던 선생님이 괜찮다며 "병원 생활은 잊어버려. 생각하지 마!" 하셨다. 선생님들께 나연이가 다음 주에 벌써 돌이라고 했더니 선생님 두 분이 우셨다. 잘 키워주셔서 감사했다고 말씀드렸다. 몇 번을 말씀드려도 모자랄 말이었다.

돌잔치는 교정 돌에 맞춰 하기로 했지만, 생일을 그냥 지나고 싶진 않아서 떡을 준비했다. 나연이 얼굴을 넣은 스티커도 만들어서 하나하나 붙였다. 마침, 생일이 일요일이라 예배 후에 교회에 떡과 식혜를 돌렸다. 나연이 이모들이 케이크를 사 와서 파티도 했다. 점심을 먹은 후에는 떡을 챙겨 부랴부랴 G대병원으로 가 신생아중환자실에도 돌떡을 전달했다. 면회 시간과 겹쳐서 바쁘셨을 텐데도 몇 분이 나와서 반가워해 주셨다. 저녁에는 시댁에서도 생일파티를 한 번 더 했다.

긴 하루를 보내고 밤이 되니 엄마는 그제야 복잡한 마음의 실체를 알 것 같았다. 11시가 다가올수록 나연이가 태어나던 그날의 기억이 선명해졌다. 흐릿해졌던 아이의 긴 병원 생활도 다시금 떠올랐다. 혼자서 아이의 1년을 찬찬히 되돌아보았다.

축복보다는 걱정을 많이 받고 태어났던 우리 딸. 아이가 태어나면 기뻐해 주자고 남편과 다짐했지만, 우리 둘 다 그러지 못했던 첫 만남. 건강하길 기대하기보다 살아있기를 기도해야 했던 시간과 "너무 힘들면 먼저 가도 괜찮아." 말했다가 "아니야, 제발 가지 마." 울며 빌었던 때가 있었다. 좋은 소식이 있는가 하면 다음 날은 나쁜 소식이 있고, 괜찮아지다가도 몇 번을 다시 안 좋아졌던 너였다.

그랬던 네가 감사하게도 무사히 1년을 살았구나. 겨울엔 몇 번이고 입원해야 할 거라고 생각했던 너는 열감기 한 번을 하지 않았다. 흔한 접종열도 나지 않아서 돌이 되도록 너를 키우면서 열이 났던 것은 딱 한 번뿐이었다. 그마저도 해열제 한 번에 바로 내렸더랬다.

아이가 태어났을 때, 외삼촌과 통화하면서 "삼촌, 왼손 주먹 쥐어봐. 오른손 손바닥 펴서 붙여봐. 그게 우리 애기 크기야." 한 적이 있었다. 그랬던 네가 어느새 소파를 잡고 일어나 엄마를 보며 웃어주고는 방긋 웃으며 기어 온다. 너와 엄마 아빠에게 그렇게 힘들고 아픈 시간이 있었는지도 까마득하고 현실감 없게 느껴질 만큼 너는 1년간 건강하게 자라주었다.

오랜만에 일기를 썼다.

나연아, 그렇지만 앞으로도 매년 나연이 생일이 되면 온전히 기뻐하고 행복해하기보다는 2023년의 그날과 그 이후로 작고 어린 네가 힘들게 버텼던 날들이 생각나, 엄마는 늘 마음 한편이 무거울 것 같아.

잘 버텨주고 무사히 엄마 아빠한테 와줘서 고마워.
건강하게 엄마 아빠 곁에서 행복한 하루하루를 선물해 줘서 고마워.

사랑해, 우리 딸. 첫 번째 생일을 진심으로 축하해.

첫째 조산 후, 둘째 낳을 용기

"

이번에는 잘 될 거예요

"

'또' 고위험 임산부가 되다

"의료진이 알아서 해주겠지"

시험관 시술까지 해서 겨우겨우 나연이를 만났었는데 둘째는 갑자기 불쑥 찾아왔다. 나연이가 교정 돌이 되기도 한 달 전인 5월 초에 임신을 확인했다. 8월쯤 같이 난임센터 가서 '21년에 동결해 둔 동생 후보들을 이식해야지.' 생각했는데 당황스러운 일이었다. 남편도 나도 임신테스트기의 두 줄을 보고 "왜 두 줄인데?"라고 말했다. 겨우 걸음마를 연습 중이던 배나연은 갑자기 첫째가 됐다.

임신중독증으로 첫째를 이르게 출산했기 때문에 둘째는 바로 대학병원으로 갔다. 병원에 전화했더니 바로 나연이를 받아주셨던 교수님께 예약을 잡아주셨다. 첫 진료 때는 10분 정도 일찍 와서 차트를 작성해야 했다. 내 예전 차트를 보신 간호사 선생님이 당황하셨다.

"어……? 애기 잘 컸죠?"

"네, 건강하게 잘 크고 있어요."

아이가 건강하게 잘 크고 있다고 대답할 때는 묘한 뿌듯함이 느껴진다. 교수님이 임신을 축하해 주셨다. 7주 차에 처음으로 초음파로 둘째를 만났다. 이번 임신은 초기부터 매일 아스피린을 먹으며 관리하게 되었다.

"이번에는 잘될 거예요."

교수님이 말씀하셨다. '이번에는'이라는 말은 안심이 되기도 하고 마음이 아프기도 했다. 둘째의 건강한 출산을 고대하는 한편, 그렇지 못했던 첫째의 지난 시간이 생각났다. 임신기간 내내 그렇게 두 마음이 들었다.

사실 우리 집은 친가와 외가 모두 고혈압 가족력이 있다. 나도 20대 이후로 병원에서 혈압을 재면 늘 경계에 걸리는 120/80이 나왔다. 그런데 둘째를 임신하고 아스피린을 먹어서인지 임신초기에는 수축기 혈압이 110대였다. 남편에게 내 인생에서 본 적 없는 혈압이라고 말해줬다. 약을 먹으며 관리를 하고 있는데 주수가 늘어날수록 혈압도 함께 스멀스멀 올랐다. 첫째 출산 후 사두었던 가정용 혈압계로 며칠에 한 번씩은 혈압을 쟀다. 첫째를 조산한 후 둘째를 품고 있는 것은 행복했지만 불안과 걱정, 긴장이 공존했다. 다시금 경험하게 된 태동을 행복하게 느끼면서도 이 시간이 얼른 지나가기를 바랐다. 8월까지 110/70대이던 혈압은 9월이 되자 120/80대로 올랐다. 날짜를 맞추기라도 하는지 10월부터 수축기 혈압 130대를 찍기 시작했다. 아직 안심할 수 있는 혈압이었지만 의료진도 나도, 이제 지켜봐야 한다는 것을 알았다. 결국 10월 말경, 혈압은 한 번씩 튀면서 수축기 140, 150을 찍었다. 불안해하는 동안 시간은 흐르고 아기는 자랐다. 둘째는 아들이었다. 24주가 되자 아기는 679g이 되었다. 670대의 숫자를 보니 마음이 묘했다. '어느새 누나가 태어났을 때보다 커졌구나.' 670g으로 태어났던 나연이는 어느새 쑥쑥 자라나서는 "동생 어디 있냐"고 물으면 엄마 배를 가리키고, "동생 '사랑해' 해줘." 하면 엄마 배를 폭 안아줬다.

둘째는 가뿐히 25주를 넘겼다. 28주가 되니 보통의 28주 아기보다 2주 정도 작아졌다. 다음 검진 때 똑같이 2주 차이 나면 괜찮지만 3주가 차이 나면 안 됐다. 자궁 내 성장지연이 있을 수 있어 주시해야 한다고 했다. 2주 뒤에 보자는 말이 그다음 검진에도 이어졌다. 아기는 계속 2주씩 작았다. 나연이도 24주부터 작다는 말을 들었기에 긴장이 됐다.

긴장 속에 32주(11월 19일)가 됐다. 검진을 와서 혈압을 재니 140대가 나왔다. 쉬었다가 다시 재고, 간호사 선생님이 수동혈압계로도 쟀지만 똑같았다. 혈압약이 처방되었다.

"오늘 막달 검사하고 가요. 이제 아스피린은 먹지 말고!"

혈압이 160을 넘으면 바로 응급실로 와야 한다는 주의 사항도 들었다. 출산 준비물이 적힌 안내문을 받아 들고 집으로 왔다.

11월 마지막 주가 되자 혈압은 150 후반대가 되었다. 둘째라 더 여유

부리고 있었는데 발등에 불이 떨어져서는 부랴부랴 출산 준비를 시작했다. 배냇저고리 등 아기 옷들을 빨고, 아기 옷장을 정리하고, 출산 가방을 챙겼다. 나연이랑 키즈 온천 여행(11월 26~27일)을 계획해두었는데, 못 가면 어쩌나 했는데 다행히 무사히 다녀왔다. 둘째가 선심이라도 써준 모양이었다.

'그래, 누나랑 마지막 여행까지는 내가 기다려줄게!'

온천여행을 다녀온 바로 그날이었다. 오후에 늦둥이 동생 하원을 도와주러 갔다가 교회 집사님을 만났다.

"출산이 언제예요?"

"예정일은 1월 12일인데 제가 또 혈압이 오르고 있어가지구요. 제가 갑자기 사라질 수도 있어요."

그렇게 말한 후 밤 11시 반, 남편은 코인세탁방에서 아기 이불들을 빨래하고 나는 원고를 쓰고 있었다. 갑자기 시야에 검은 점들이 생겼다 사라졌다. 바로 혈압을 재어보니 160/112가 나왔다. 당황했지만 10분 뒤에 다시 재보자고 생각하고 기다렸다. 10분 뒤에는 181/120이 나왔다. 5분을 또 기다렸다가 다시 재니 156/125, 또 5분 뒤에는 157/113이 나왔다. 160이 아래로 내려왔는데 그냥 집에 있을지 고민했지만, 남편이 그래도 160을 한 번 넘었으니, 응급실에 가자고 했다. 어느새 자정이 지나있었다.

자는 나연이를 옷으로 감싸안아 친정에 맡기고 남편과 응급실로 갔다. 응급실 대란이 있는 시기라 조금 긴장되었다. 응급실에 도착해 'ㅇㅇ

교수님 산모이고 혈압 160 넘으면 응급실로 오라고 하셨다.'라고 했더니 다행히 바로 접수가 되었다. 와중에 여기서 혈압이 정상으로 나오면 어쩌지 싶어 긴장했는데 간호사 선생님이 혈압을 재자 192/130가 나와서 무사히(?) 응급실에 입성할 수 있었다.

응급실 침대에 누워 옷을 갈아입고 수액을 꼽고 있으니 '여길 또 오네.' 싶어서 어이가 없었다. '고위험 임산부도 2회차는 덜 긴장되네.' 싶기도 했다. 사실 고위험 임산부가 2번째여서라기보다는 이미 33주를 넘긴 둘째가 건강할 것을 알았기 때문에 걱정이 없었다. 남편도 나도 입원을 또 응급실에서 시작하는 이 상황이 웃기기만 했다.

내 주치의 교수님이 안 계신 날이라 당직이신 다른 산부인과 교수님이 나를 봐주셨다.

"수축기 혈압이 높으면 엄마한테 안 좋고, 이완기 혈압이 높으면 아기한테 안 좋아요. 아기한테 피가 잘 못 가거든."

응급실에 가는 기준은 수축기가 160을 넘거나, 이완기가 110을 넘거나의 두 가지 경우였다. 수축기 혈압이 150대로 내려왔다고 응급실에 안 갔으면 위험할 수도 있었다. 남편이 응급실에 가자고 해줘서 다행이었다. 작년에 만나서 얼굴이 눈에 익은 간호사 선생님이 입원 서류를 받으셨다. 작년에는 이렇게 입원해서 4일 만에 아기 낳았다고 했더니 선생님이 잘 끌어보자고 하셨다.

"벌써 33주까지 끌어서 첫째 때보단 훨씬 많이 끌었어요."

"에이, 또 신기록 세워야지."

2회차 고위험 산모는 '병원에 왔으니 작년처럼 의료진이 알아서 해주겠지.' 생각했다. 이번에는 호텔 같은 입원 생활을 해보기로 했다. 출산까지 집에 못 갈 것을 알았기 때문에 출산 준비물과 노트북, 아이패드까지 모두 챙겨서 내원한 참이었다. 남편에게 의존할 만큼 불안하지도 않아서 입원 수속을 마치고 난 뒤, 남편은 나연이 보라고 집으로 돌려보냈다.

속 편하게 병실에서 성경을 읽고, 원고를 쓰고, 유튜브를 보며 둘째 출산을 위한 입원 생활을 시작했다.

경력직 이른둥이 부모의 속 편한 33주 조산

"첫 울음소리를 듣고 싶다"

또 분만실 내에 있는 고위험 산모 병실에 입원했지만, 마음가짐이 굉장히 달랐다. 아기는 33주 4일 차였다. 생존 확률이 확실하게 높아지는 재태주수 28주와 출생체중 1kg의 기준은 이미 한참 넘긴 상태였다. 게다가 34주 이후로는 폐가 어느 정도 자라서 태어나더라도 자가호흡이 가능하다고 보기 때문에 산소 치료도 거의 하지 않을 것이었다. 산소 치료의 영향이 큰 미숙아망막병증에 대한 염려도 거의 없다고 보면 됐다. 이미 첫째를 재태주수 25주에 만난 엄마아빠는 여유만만했다. 고위험 산모 병실에 들어오자마자 가운데에 준비된 내 자리를 보고 "작년엔 '벽 자리'였는데 아쉽다."라는 대화나 나누었다. 입원수속을 마친 후에는 남편을 집에 돌려보내고 바로 잤다.

이번에는 단백뇨가 나오지 않았기 때문에 임신중독증은 아니었다. 지난 임신 때의 경험으로 위험한 상태가 되기 전에 빨리 병원에 간 덕택에 컨디션은 나연이 때보다 훨씬 좋았다. 그래도 어떻게 될지 모르기 때문에 입원하자마자 폐성숙주사를 1차로 맞았다(24시간 간격으로 2번 맞음). 컨디션이 좋은 것과는 별개로 식간 금식 처방이 똑같이 내려졌다. 나연이 때는 두통이 심하면 복도에 나가 걷는 것을 추천하셨는데, 이번엔 분만실 밖으로 출입이 금지되었다.

새벽 6시에 혈압을 재니 129/83이 나왔다. 교수님이 회진을 오셔서 상태를 보시고는 "상태 너무 괜찮아요. 일단 오늘 밤에 폐성숙주사 한 번 더 맞고, 내일 보고 결정합시다." 하셨다. 퇴원할 수도 있을 것 같아 기분이 좋았다. 33주 정도면 나연이 때보다야 훨씬 건강하겠지만, 그래도 자가호흡이 가능하다고 하는 34주는 넘기고 낳고 싶었다. 12월 1일이 되는 일요일이면 딱 34주에 진입하는 시기였다.

애석하게도 혈압은 협조해 주지 않았다. 혈압이 성장형이라도 되는지 잴 때마다 지속적으로 상승했다. 오후 3시 40분쯤 비문증이 생겨 간호사 선생님을 호출해 혈압을 쟀더니 150/89가 나왔다. '당장 낳진 않겠지만 집에도 안 보내주겠구나.' 싶었다. 헷갈리게 오후부터는 혈압이 다시 130/80대로 떨어졌다. 너무 들쑥날쑥해서 퇴원할 수 있을지 잘 가늠이 되지 않았다. 집에 가면 계속 내 상태를 체크하며 긴장하고 있어야 하겠지만 나연이와 함께 있을 수 있고, 계속 병원에 있으면 나연이는 엄마랑 떨어져 있어야 하겠지만 병원에서 내 상태를 관리해 줄 테니 어느 쪽도 나쁘지 않다고 생각했다.

남편이 계속 같이 있어 주길 바랐던 지난 입원과는 다르게 오롯이 혼자 여유로운 하루를 보냈다. 출근하며 첫째를 혼자 돌보게 된 남편이 애잔할 뿐이었다. 임신한 몸으로 육아하다가 혼자 병실에서 관리받으며 취미생활을 하고 있으니, 나로서는 편안하기만 했다. 갑자기 엄마와 떨어져 불안해할 나연이가 유일한 걱정이었다. 고요한 커튼 속 내 자리에서 원고 쓰기, 성경 읽기, 잠자기, 다시 성경 읽기, 또 잠자기, 성경 쓰기, 원고 쓰기로 하루를 보냈다.

잠들기 전 남편과 메시지로 대화를 나눴다.

"자기 파이팅, 집에서 기도하고 있다."

"고마워, 힘내볼게! 둘째는 배나연만큼 아프게 안 할 거야. 곧 그 집에서 다시 4인 가족으로 함께 하자. 그래도 이번엔 자기, 그 큰 집에 혼자 아니네."

"나연이랑 둘이 있어서 복작복작하긴 하다."

나는 병실에 혼자 남아 불안해하고, 남편은 집에 돌아가 울었던 그날과 달리, 곧 만날 아이를 기대하며 각자 자리에서 편안히 잠이 들었다.

다음 날은 마침 나연이의 소아청소년과 외래가 있는 날이었다. 간호사 선생님께 말씀드려서 분만실 앞에 잠시 나가 첫째 아기를 보고 와도 된다는 허락을 받았다. 아침 혈압은 128/83이 나왔다. 이 정도면 퇴원할 수 있겠다는 생각이 들었다. "퇴원 허락받으면 나연이랑 같이 집에 가야지." 기대하며 교수님 회진을 기다렸다. 그러나 교수님의 판단은 정반대였다.

"혈압이 자꾸 오락가락해서 정상은 아니야. 지금 주수에는 더 끌어서 좋을 게 없어."

나연이랑 집 갈 생각만 하고 있었는데 갑자기 당일 출산이 결정되었다. 혈압이 일정하지 않기 때문에 갑자기 혈압이 올랐을 때 위험한 상황이 생길 수 있고, 아기가 어느 정도 자란 지금은 그런 위험을 감수할 필요가 없다셨다. 입원할 때 간호사 선생님이 신기록 세우자고 하셨는데, 최단기간 신기록을 세웠다.

잠시 복도에 나와 나연이와 잠깐 만났다. 남편이 "소아과 교수님이 니 있는 거 아시더라."라고 말했다. 외래 진료에 들어가니 "엄마 분만실 와 있던데?" 하셨단다. 내 이름까지 기억해 주시는 게 신기했다. 나연이와 놀고 있으니 내 산부인과 주치의 교수님이 지나가셨다. 첫째 아이가 온다고 말씀을 드렸던 터라 바로 알아보셨다.

"너, 감동이다아. 잘 컸네!"

나와 나연이가 무사히 만날 수 있게 해주신 은인이시지만, 알 턱이 없는 나연이는 싫어했다. 엄마아빠만 괜히 뭉클한 순간이었다.

나연이가 태어났을 때 소리를 내고 울었다는 이야기가 내내 믿기지 않았다. 태어날 때 듣지 못했던 첫 아이의 목소리는 두 달을 기다린 후 겨우 들을 수 있었다. 때문에 둘째가 생겼을 때부터 "이번 출산에는 척

추마취를 해서 아이가 내는 첫 울음소리를 들어야지." 다짐했다. 수술동의서를 받으러 온 간호사 선생님이 전신마취를 한다고 하셔서 혹시 척추마취는 안되냐고 여쭤보니 시도는 해보겠다셨다.

　남편은 나연이를 어린이집에 보내고 부랴부랴 병원으로 돌아왔다. 종합 수술실 내부로 들어와서 내 수술실 준비가 될 때까지 기다리는데 신생아중환자실 교수님과 간호사 선생님이 들어오셨다. 마스크를 하고 있는데도 금방 서로 알아보았다. 반가웠는데 침대에 누운 상태라 멋쩍게 인사했다.

　한참 동안 기다려서야 수술실이 준비되었다. 지난 출산이 제법 생생하게 기억나는 것 같았는데 종합 수술실 내에 그렇게 많은 수술실이 있고, 내부에 이렇게 긴 복도가 있는지 몰랐다. 새삼 나연이 때는 진짜 제정신이 아니었구나 싶었다. 33주는 우리한테는 만삭이나 다름없는 주수라 남편과는 산뜻하게 헤어졌다.

　수술은 너무 많이 해봐서 긴장 안 됐다. 머릿속에는 "울음소리를 들을 수 있을까?" 하는 생각밖에 없었다. 마취는 통증만 없고 닿는 느낌은 날 줄 알았는데 교수님이 "시작하겠습니다." 하신 이후로 아무 느낌이 안 났다. 한 10분쯤 되었나 싶었을 때, 간호사 선생님 한 분이 휴대전화를 들고 내 오른편으로 오셨다. 아이가 태어날 때가 되어 시간을 확인하신다는 직감이 들었다.

　"3시 정각입니다."

선생님들은 분주한데 아이의 소리는 나지 않아서 불안해지려는 찰나, "애앵"하고 아기가 울었다. 벅찬 마음에 눈물이 차올랐다. 아기를 처치하는 모습을 계속 지켜보았다. 곧 간호사 선생님이 처치가 다 된 아기를 내 앞으로 데려와 보여주셨다. 통통 불어있는 갓 태어난 아기를 보는 것도 처음이었다.

이번에는 아이의 첫 순간을 함께 할 수 있다는 것이 너무 감사했다.

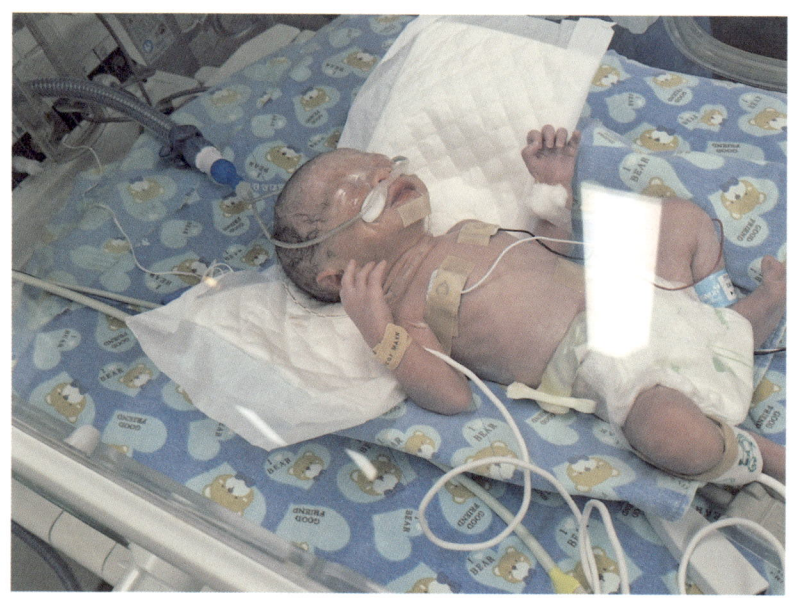

둘째 출생 당일, 처치 후 찍은 사진

25주 이른둥이와 33주 이른둥이

"연년생 이른둥이 남매"

    수술 후 다시 분만실 내부 병실에서 하루 간 경과를 지켜보았던 지난 출산과 달리, 이번에는 수술실에서 바로 일반병실로 이동했다. 수술실에서 나오니 남편이 있었다. 아기는 1.82kg으로 태어났다. 이번에는 울지 않고 싱글벙글 웃으며 신생아중환자실로 이동하는 아기를 따라갔다고 했다. 처치를 다 한 아기를 볼 때는 감동해서 눈물 조금 나오긴 했댔다. 이번엔 기쁨의 눈물이었다.

    다시 신생아중환자실 면회 생활이 시작되었다. P 교수님과 간호사 선생님들도 당분간 매일 만나게 되었다. 교수님이 "입원 기간은 한 3주 정도 될 거 같아요." 하셨다. 검사는 아직 안 해봐서 모르지만, 모든 위험이 없을 가능성이 크다셨다. 아이가 금요일에 태어났는데 머리 초음파 검사는 다음 주 화요일 예정이라고 했다. 토요일 밤 12시가 다 되어가는 시간에 태어났지만 나오자마자 머리며 심장이며 다 찍어봐야 했던 누나

때랑은 딴판이었다. 기도삽관은 아예 하지 않았고 바로 하이플로우를 달았다. 아쉽지만 바로 자가호흡은 안됐다. 그래도 산소는 제일 약하게 쓰고 있었다. 첫 아이가 33주에 태어나 1.82kg의 작은 몸으로 신생아중환자실에 갔다면 걱정이 태산이었을 것이다. 우리 부부는 모든 게 안심이었다.

마음이 편해서인지 잠이 쏟아졌다. 작년에는 새벽 1시에 수술하고 나와서도 쌩쌩하게 밤을 새웠는데 4시간을 안 자고 버티려니 고역이었다. 목도 찢어질 듯이 말랐다. 먹는 건 6시간이 지나야 가능해서 젖은 거즈를 물면서 겨우 버텼다. 마취가 풀리면서 통증도 너무 심해서 무통 버튼을 누르다 못해 간호사 선생님을 호출해서 주사도 맞았다. 모두 작년 출산 때는 겪어보지 못한 일들이었다. 그래도 당일 아프고 나니 회복 빠른 건 여전했다. 출산 다음 날, 걸어서 아들 면회를 하였다. 간호사 선생님들이 얼굴을 알아보시고 반가워해 주셨다. 아이 이름은 지었냐 물어보셔서 저희가 늘 빨리 짓는다며 '배연준'이라고 이름을 말씀드렸더니 이번에도 밑에 작게 적어주셨다.

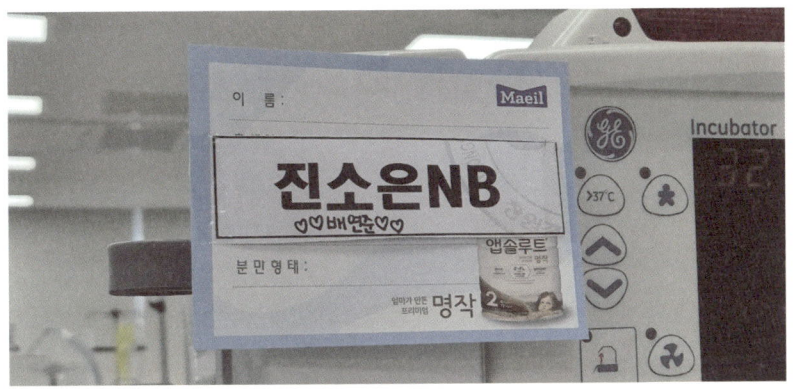

남자아이라 손목 팔찌랑 이름표가 하늘색이었다. 나연이는 전부 분홍색이었는데 이게 성별에 따라 다른 것인 줄 몰랐다. 연준이는 입으로 먹는 연습도 태어난 날부터 바로 시작했다고 했다. 10cc씩 3시간마다 먹이는데 먹으려는 의지가 부족해서 보통은 2~3cc 정도만 먹고 나머지는 경관으로 먹는댔다. 쪼글쪼글 머리카락이 달라붙어 있었다. "애는 머리카락도 많네." 말했더니 옆에 있던 간호사 선생님이 나연이를 기억하시고는 웃으셨다.

"내일부터 캥거루케어할 수 있게 1시에 오세요."

생후 3일 차에 캥거루케어라니, 정말이지 누나보다 모든 것이 빨랐다.

연준이 첫 면회는 나연이 근황 발표회 같았다. 선생님들이 나연이 잘 컸는지, 어떻게 지내는지, 동생 생긴 거 아는지 이것저것 물어보셨고, 나도 신이 나서는 나연이 사진이랑 동영상들을 보여드리면서 자식 자랑을 했다. 자기 면회 와서 한참을 누나 얘기만 해서 서운했는지 연준이가 고개를 반대편으로 돌려 버렸다. 미안한 마음에 간호사 선생님이랑 같이 아기에게 사과했다.

다음날 캥거루케어를 하러 갔더니 연준이 몸무게가 1,700g까지 빠져 있었다. 누나보다 크게 태어난 거만 생각했는데 막상 인큐베이터에서 나온 아이를 보니 이 녀석도 정말 작았다. 나연이도 1.4kg이 되었을 때 캥거루케어를 시작했으니 '안아보는 크기는 비슷하구나.' 싶었다. 아기는 내 품에 안겨 낑낑 울었다. 엄마 명치까지밖에 안 오는 작은 아가의 엉덩이를 토닥토닥 도닥여주었다.

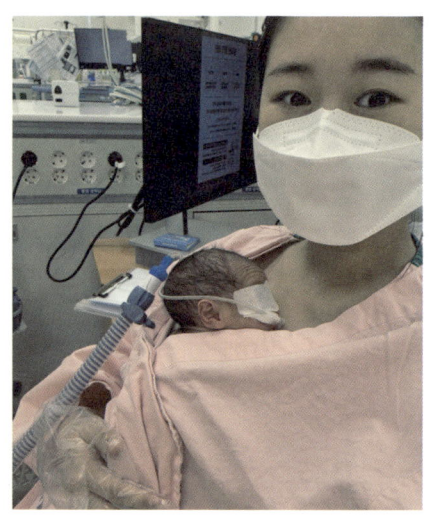

12월 2일, 이번에도 엄마는 아기를 병원에 남겨두고 먼저 퇴원해야 했다. 둘째가 첫째보다 건강한 것과는 별개로 아기를 남겨두고 혼자 퇴원하는 기분은 여전히 좋지 않았다. 퇴원 전 아빠가 면회를 들어가고 엄마는 밖에서 기다렸다. 아기는 입으로 먹는 것을 여전히 힘들어하고, 콧줄도 뗐다가 다시 달았다고 했다. 동맥관도 열려 있어서 약을 투여했다는 이야기를 들었다. 나연이가 동맥관이 계속 열려 있어서 수술했던 터라 가슴이 철렁했다. 엄마가 너무 안심만 하고 있었던 것이 미안했다.

다음 날은 엄마가 면회하는 날이었다. 엄마는 전날 하루 종일 동맥관 개존증 생각만 했던 참이었다. 검색은 더 이상 하지 않지만, 걱정은 되었다.

"호흡이 아직 빠른 편이에요. 동맥관이 열려 있어서 그런가 해서 약을 쓰고는 있는데 약으로 당장 안 닫혀도 큰 상관은 없어요."

"나연이는 3번 약 쓰고 안 닫혀서 수술했었어요."

"이 주수는 수술할 가능성은 낮아요. 25주, 이렇게 일찍 태어난 애랑은 달라요."

머리 초음파결과도 이상이 없고 깨끗하다고 했다. 배 초음파는 콩팥이 0.5cm 늘어나 있는데 1cm 미만은 저절로 좋아진다고 추적검사만 한다고 했다. 결과가 다 깨끗한 것처럼 숨쉬기, 먹기도 금방 잘할 줄 알았는데 생각보다는 시간이 걸렸다. 12월 9일 아침 9시 콧줄을 완전히 떼고, 12월 10일부터 엄마랑 수유 연습을 시작했다.

나연이를 낳고 샀던 『이른둥이 부모를 위한 가이드북』에는 퇴원할 수 있는 기준이 2kg이라고 적혀 있었다. 나연이가 3.2kg으로 퇴원을 했던 지라 그 체중이 진짜 퇴원이 가능한지 의심스러웠는데, 연준이는 2kg이 넘자마자 칼같이 퇴원이 결정되었다.

연준이가 퇴원하는 날, 나연이와 같이 동생을 데리러 갔다. 퇴원하려고 신생아중환자실 벨을 눌렀다. 간호사 선생님이 나오시다가 나연이를 보고는 정말 기뻐하셨다. 곧 선생님들이 두두두두 소리를 내며 달려 나오셨다. 나연이는 선생님들을 몰라보고 울었다. '낯 안 가리고 잘 웃어드렸으면 좋겠는데 아쉽다.' 생각하며 퇴원 설명을 들으러 들어갔다. 안에서 설명을 듣고 있는데 바깥이 와글와글 시끄러웠다. 나와보니 나연이가 거의 팬 미팅을 벌이고 있었다. 엄마 기다리면서 좀 익숙해졌는지 간호사 선생님들과 하이파이브도 하고 방실방실 웃고 있었다. 귀엽게 잘 자란 모습 보여드릴 수 있어서 기뻤다.

12월 18일, 2.1kg의 작은 둘째가 우리 가족에 합류했다. 태어나던 날 교수님이 3주 정도 입원할 거라셨는데 딱 20일째 되는 날 퇴원을 했다. 연준이는 너무 작아서 바구니 카시트에 눕히고도 머리 옆에 기저귀를 몇 개씩 끼워 고정해야 했다. 바구니 카시트에 누워있는 동생을 나연이에게 처음 보여주었다.

　4인 가족이 된 첫날 밤, 연준이를 안고 트림을 시키고 있는데 나연이가 자기도 안아달라며 매달렸다. 그 모습이 짠해 반대 팔로 같이 안아주었다. 안아줄 때는 짠하고 안타까운 마음이었는데 양팔에 하나씩 아이 둘을 안고 있는 그 순간, 그렇게 벅차고 행복할 수가 없었다.

　무사히, 둘 다 엄마 품에 다시 와줘서 정말 고마워. 우리 집에 와줘서 고마워.
　우리 아가들. 엄마가 정말 많이 사랑해.

배나연 본아트(생후 141일 차 촬영)

배연준 본아트(생후 42일 차 촬영)

아빠의 글

안녕하세요. 나연이 아빠입니다. 『어느 날 이른둥이 엄마가 되었다』의 출판을 앞두고 아내의 권유로 저도 짧은 글을 남기게 되었습니다.

2023년 2월 25일 나연이를 만났을 때부터의 순간들을 아내의 글을 읽으며 다시 떠올릴 수 있었고 다시 한번 자녀들에 대한 소중한 마음이 되살아났습니다. 매 순간이 생사를 가르는 순간이었을 텐데 힘내준 나연이에게 고맙고 대견하다는 마음을 전하고 싶습니다.

제가 나연이를 키우며 느꼈던 점들은 정말로 아이를 가지는 순간부터 출산, 양육하는 모든 순간까지 쉬운 일들이 하나도 없었다는 것입니다. 한 가정에 자녀는 쉽게 주어지는 줄 알았습니다. 그저 남들은 쉽게 가지는 것처럼 보여서 노력만 하면 다가올 줄 알았던 아이가 저희에게는 와주지 않았습니다. 시작부터 어려웠던 임신이 조산으로 이어지며 마무리도 편하게 가진 못했습니다. 남편으로서 해줄 수 있는 일이라고는 집안일을 열심히 하며 아내가 집에서 편하게 쉬게 해줄 수 있는 게 다였고 아내가 혈압이 200까지 오를 때에는 그저 하나님께 기도하며 의료진에게 맡기는 수밖에 없었죠. 그런 순간들을 지나며 670g으로 태어난 나연이를 처음 보던 순간, 작을 거라고 예상은 했지만 그 예상보다도 훨씬 작은 나연이를 보며 눈물을 흘리지 않을 수 없었습니다. 사람의 모양은 하고 있지만 크기가 너무나 작고 피부는 너무 빨갛고 이 아이가 생존할 수는 있을까라는 생각을 했습니다. 그러나 간호사 선생님께서는 저에게 예쁜 딸이라며 축하한다고 해주셔서 알 수 없는 마음을 느끼며 NICU로 따라갔었습니다. 그 이후로 매일 나연이가 어떻게 성장하는지 지켜보며 오늘은 여기가 아프고 오늘은 어디를 불편해하고 이런 얘기를 들으며 버텨온 순간들이 생각이 납니다. 그런 시간들을 지나 나연이가 벌써 어린이집에 다니고 더 넓은 세상에 몸담는 모습들이 감개무량합니다.

나연이를 키우며 개인적으로 저는 체력이 약한 것 같고 지루하거나 따분한 것, 귀찮은 것을 잘 못하는 성격임을 깨달았습니다. 아이를 낳아 길러 보신 부모님들께서는 다 아실 것입니다. '까꿍' 놀이를 해줘도 30번은 해줘야 하고 같은 단어 하나를 학습시키기 위해 한 단어를 1,000번쯤은 이야기해줘야 했습니다. 이런 모든 순간순간들이 때로는 힘겹고, 피

곤하지만 그와 동시에 지금까지는 못 느껴본 행복감을 자녀들이 줬습니다. 요즘 나연이는 동물 소리 따라 하는 것을 좋아합니다. 제가 "나연아, 코끼리"라고 하면 "뿌우" 하고 대답해 주고, "나연아, 늑대" 하면 "아우" 하고 대답해 줍니다. 그런 소리를 들으면 정말 귀엽고 행복합니다.

때때로 나연이가 너무 잘 커주고 있어서 간과할 때도 있지만 NICU에서 들었던 얘기를 생각하면(생존 확률, 몸에 아픈 부분 등) 지금 이렇게 귀엽게 뛰어다니고 언어를 학습해 가는 과정들이 일상 속에서 감동으로 다가옵니다.

제가 아직 초보 부모이고 육아를 한 지 2년 정도밖에 되지 않았지만, 저는 요즘 자녀가 어떻든 자녀는 가정의 기쁨이고 우리의 삶을 더 고차원적으로 인도해 주는, 그러면서 동행해 주는 존재라고 느낍니다. 자녀를 키워보니 자녀를 키우는 것의 헌신을 뼈저리게 느껴 어머니께 정말 감사한 마음이 다시 생기며 "키우는 과정이 이렇게 힘든 줄 몰랐다. 정말 감사한 마음을 느낀다."라고 말씀드렸습니다. 또한 나연이가 670g으로 태어나서 10kg이 된 지금까지의 커가는 모습을 보는 것이 정말 기쁨이고 늘 나연이가 저에게 달려와 모든 것을 함께하자는 행동을 보면 행복합니다. 자녀가 없을 때는 느껴보지 못한 고차원적인 행복감인 듯합니다.

나연이와 함께 했던 모든 순간을 책에 담을 수 없어 몇 가지를 사진으로 공유합니다.

엄마 손을 잡고 처음 일어섰을 때

분유에서 이유식으로 넘어갈 때

아빠의 글 **215**

일상 속에서 악기를 가지고 놀 때

키즈카페에서 잘 놀게 되었을 때

아빠한테 선글라스 써보라고 할 때

한때는 나연이에게 미안한 마음이 들고 늘 우울감을 갖고 살던 시절이 있었습니다. '이 세상에 더 이상 살지 못하는 게 아닐까? 생존하더라도 장애를 가져 불편함 속에서 살아가는 게 아닐까?' 그리고 지금도 모든 것을 떨쳐버리고 마냥 좋다고는 말하기 어렵습니다. 제가 걱정이 많아서 '나연이의 심장 수술한 부분들이 언젠가 풀리면 어쩌지?', '뇌출혈 흔적들을 신경 안 써도 된다고 하셨는데 정말 그럴까?' 등 안 좋은 생각을 할 때도 물론 있습니다. 그렇지만 나연이가 역경을 이겨서 여기까지 온 만큼 앞으로도 잘 이겨내 줄 거라 믿습니다. 원래 영유아 발달검사에서 많이 뒤처졌지만, 최근 들어 많이 따라잡아 정상에 들어왔고, 인지·사회성 부분에서 평균 이상 능력을 보였고, 사진에서 보시듯 정말 행복하게 잘 살고 있습니다. 앞으로도 저희 가정이 지금까지 해 왔던 것처럼 잘 이겨내면서 행복하게 살길 바라며, 다른 모든 어려운 아이들에게도 나연이의 기적이 깃들길 기원합니다.

에필로그

이른둥이 엄마여도 똑같다

"24개월이에요, 사실 27개월이에요"

아이들을 데리고 다니다 보면 몇 개월이냐는 질문을 자주 받는다. 질문을 받을 때마다 생후 개월 수로 대답할지, 교정 개월 수로 대답할지를 잠시 고민한다. 발달을 쉽게 비교하실 수 있도록 교정 개월 수로 대답하곤 하지만, 대화가 길어지면 결국 구구절절 설명하게 될 때가 많았다.

"사실 이른둥이라서 ○개월이에요. 일찍 태어났어요."

이른둥이 두 아이를 기르는 과정이 확실히 마냥 순탄하지는 않았다. 아이들은 평범한 듯하면서도 또래 아이들과 다른 구석이 있었다.

나연이는 교정 12개월이 되도록 이가 나지 않았다. 이가 나지 않으니 이유식 입자감을 키우기 힘들었고, 씹지 않으니 자연히 입 주변 근육이 발달하지 않았다. 교정 18개월이 되어도 나연이는 "아아아아" 같은 소리만 냈다. 어쩌다 "엄마", "까꿍", "야옹" 같은 말을 해서 '이제 말이 트이

나 보다.' 생각하고 안심하면, 얼마 뒤 해당 발화가 사라졌다. 검사를 했더니 표현 언어가 또래 아이들보다 14개월이 늦다고 했다. 결국 2025년 1월, 언어치료를 시작했다. 걸을 때도 까치발로 걷는 습관이 있어 걱정하던 차였는데 아니나 다를까 발달센터 선생님이 까치발은 소거되어야 한다고 말씀하셨다. 그래서 3월부터는 감각통합치료도 병행하게 되었다. 감각통합 수업을 통해 아이의 코어 근육이 덜 발달했다는 것을 알게 되기도 했다. 같은 해 6월부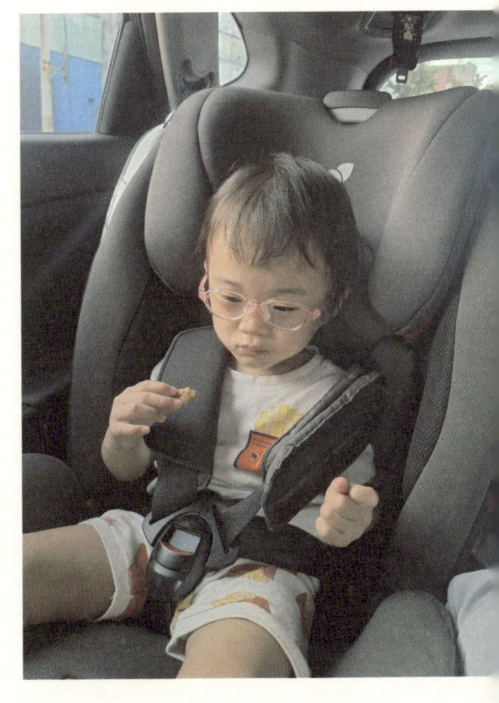
터는 안경도 쓰게 되었다. 검사 결과 자체는 돌 검사 때보다 좋아졌지만 안경을 안 써도 된다는 것은 아니었다. 어린이집에 다닌 2024년 9월부터 나기 시작한 콧물은 2025년 여름이 되어도 완전히 사라지지 않고 있다. 덕분에 동네 소아과의 의사 선생님은 물론, 간호사 선생님들, 원무과 선생님들, 아래층 약국 선생님들까지 우리 가족을 모두 알게 되었다.

'33주 5일 차면 만삭이지.' 생각했던 둘째도 알고 보니 중기 조산이었다. 후기 조산은 34주부터라고 한다. 퇴원 후 첫 외래에서 확인해 보니 동맥관이 여전히 닫히지 않은 상태였다. 게다가 산양 분유, 센서티브 분유, 유당불내증 분유, 콩 분유, 노발락AR 구토분유 등 분유를 아무리 바꾸어도 계속 심하게 토를 했다. 퇴원할 때부터 일반 분유를 먹어도 된다고 해서 나연이보다 훨씬 나은 줄 알았는데 반전이었다. 외출할 때마다 턱받이, 손수건, 여벌 옷을 잔뜩 챙겨 다니다가 결국 대학병원 소아과의 소화기 교수님 외래를 다니게 되었다.

확실히 '평범하다'라고 말하기에는 아이들의 통원 횟수가 다소 많은 편이긴 하다. 다만 요즘은 '평범'의 기준 자체에 대해서 다시 생각하는 중이다. 나연이를 낳았던 당시, 앞으로 무슨 일이 더 생길까 두렵다고 생각했다. 평범하게 사는 게 너무 어렵게 느껴졌다. 지금 되돌아보면 내가 바랐던 것은 '평범함'이 아닌 '무탈함'이었던 것 같다. "아무 일도 없어야 한다."라는 허상과도 같은 기준을 정해두고 무슨 일이 생길 때마다 무너지는 삶을 살았다. 아이들을 키우면서 주변을 돌아보니 모든 사람이 크고 작은 굴곡을 넘어가며 살고 있었다.

나연이가 안경을 쓰고 처음 교회에 갔던 날, "강한 엄마네."라는 말을 들었다. 아이들을 조산하고 키우면서 "대단하다."라는 말을 자주 듣기도 했다. 나는 대단하지도 강하지도 않은 사람이다. 그냥 일이 벌어졌으니 어떻게든 살아가는 것뿐이다. 그리고 누군가 대단하다 말할 정도로 굴곡진 내 삶도, 또 다른 누군가에게는 부러운 삶이라는 것을 이제는 안다.

　감사한 일이 참 많다. 무사히 예쁜 두 아이와 함께 살아가고 있다. 나연이는 언어센터를 다니며 말이 폭발적으로 늘었고, 18~24개월 영유아 검진에서 인지 문제를 모두 맞히기도 했다. 두 돌 눈 검사 결과로 안경을 쓰게 되었긴 하지만 추후 시력 교정술이 "충분히 가능하다."라는 말을 함께 들었다. 아마 나연이가 시력 교정술을 할 때쯤엔 기술이 더 좋아져 있을 것이다. 코어 근육이 약하지만, 흔들흔들 신나게도 뛰어다닌다. 이유식을 너무 안 먹어서 힘들었는데 동생이 태어난 후로 먹는 양이 엄청나게 늘어서 되려 살이 찔까 걱정하고 있다. 흥이 넘치고 애교도 많아서 늘 기상천외한 행동으로 엄마아빠를 웃게 해주는 고마운 우리 딸. 연준이도 힘이 좋아서 교정 82일 차에 뒤집기를 했다. 교정 5개월이 넘은 지금은 배밀이를 건너뛰고 애매하게 기거나 앉는 자세를 한다. 동맥관은 곧 다시 검사해야 하지만 계속 열려 있더라도 개흉수술이 아닌 시술로 해결할 수 있다고 한다.

　이른둥이 엄마여도 똑같다. 아이들이 자라나는 것을 보면서 행복해하고, 혹시 아이에게 무슨 일이 생길까 불안해하며 하루하루 살아간다. 발달이 빠른 아이가 있고, 느린 아이가 있고, 아픈 아이가 있고, 불편한 아이가 있다. 나는 각자의 분량으로 살아가는 그 모든 모습을 평범으로 여기기로 했다.

나연이 안경을 맞추고 온 날 밤에는 울었다. 다음 날 아침에는 안경 쓴 배나연이 귀여워서 웃었다. 앞으로도 무슨 일이 생기면 충분히 슬퍼하고 힘들어한 뒤, 또 적응해서 살아가려고 한다. 우리 아이들과 함께 평범하게.